Das achtzehnte Jahrhundert und Österreich

Jahrbuch der Österreichischen Gesellschaft zur Erforschung des achtzehnten Jahrhunderts

4. Band

BÖHLAU VERLAG WIEN · KÖLN · GRAZ

DAS ACHTZEHNTE JAHRHUNDERT UND ÖSTERREICH

Herausgeber: Österreichische Gesellschaft zur Erforschung des 18. Jahrhunderts, p. A. Institut für Geschichte, Universität Wien, Dr. Karl Lueger-Ring 1, A-1010 Wien
Redaktion: Edith Rosenstrauch (Leitung), Eva-Marie Csáky, Horst Haselsteiner
Zuschriften und Manuskripte sind zu richten an: Eva-Marie Csáky, Bräunerstraße 10/13, A-1010 Wien. Anzeigen und Beilagen werden aufgenommen, Auskunft beim Verlag.

Gefördert vom Bundesministerium für Wissenschaft und Forschung in Wien

CIP-Titelaufnahme der Deutschen Bibliothek:

Das achtzehnte Jahrhundert und Österreich:
Jahrbuch d. Österr. Ges. zur Erforschung d. 18. Jh. — Wien ; Köln ; Graz : Böhlau
Erscheint jährl. — Bd. 1 (1984) u. d. T.:
Das achtzehnte Jahrhundert. — Früher verl. von d. Österr. Ges. zur Erforschung d. 18. Jh. — Aufnahme nach Bd. 2 (1985)
NE: Das achtzehnte Jahrhundert
Bd. 4 (1987) —

ISBN 3-205-05145-9

Herstellung: Druckerei G. Grasl, 2540 Bad Vöslau

Inhalt

Jahresbericht 1985/86

Die Beiträge dieses Jahrbuchs sind, mit Ausnahme jenes von Georg Cavallar, für den Druck bearbeitete Referate, die während der allmonatlichen Jours fixes der Österreichischen Gesellschaft zur Erforschung des 18. Jahrhunderts vorgetragen und zur Diskussion gestellt wurden. Cavallars Aufsatz ist die Kurzfassung einer umfangreicheren Arbeit, in der versucht wurde, die Friedensschrift von Kant nicht nur in einen größeren historischen Kontext zu stellen, vielmehr auch inhaltliche und methodische Übereinstimmungen mit dessen großen philosophischen Traktaten herauszuarbeiten.

Außer den hier publizierten Beiträgen von Géza Hajós — hier werden erstmals in unserem Jahrbuch sehr illustrative Abbildungen präsentiert —, Waltraud Heindl — bei dem auch die Diskussion eingearbeitet wurde — und Gernot Kocher, dessen auf persönlicher Erfahrung beruhende Ausführungen über den Einsatz von EDV für die Geisteswissenschafter von prinzipieller Bedeutung sein können, bildeten auch andere Themen aus dem Umfeld des 18. Jahrhunderts an unseren monatlichen Treffen reichlichen Diskussionsstoff. So referierte Eva Huber (Wien) über „Die Binnenstruktur und die gesellschaftspolitische Funktion der Freimaurerlogen im josephinischen Wien", Gerald Stourzh (Wien) über die „Entwicklung der Verfassungsbildung in Nordamerika im 18. Jahrhundert" — mit interessanten Vergleichen zur kontinentalen Entwicklung —, Theophil Antonicek (Wien) und Moritz Csáky (Graz) versuchten anhand des Neuen Handbuchs der Musikwissenschaft auf wesentliche Kriterien der Musik des 18. Jahrhunderts, vor allem im Bereich der Habsburgermonarchie, hinzuweisen, und Adam Wandruszka (Wien) befaßte sich mit (neuen) „Forschungen zum Libretto des Rosenkavalier", insbesondere mit seinen quellenmäßigen Bezügen zum 18. Jahrhundert.

Es mag nicht uninteressant sein, zu erwähnen, daß Reinhard L. Hagelkrys begonnen hat, eine Bibliographie der im 19. und 20. Jahrhundert erschienenen Monographien über das österreichische 18. Jahrhundert zusammenzustellen: bisher konnten über 500 Titel ausfindig gemacht werden, das Ergebnis der Arbeit soll später in gedruckter Form einer interessierten Öffentlichkeit zugänglich gemacht werden.

Englische Gärten des 18. Jahrhunderts in Österreich

Forschungsstand und neue Fragen*

Von

GÉZA HAJÓS

Seit etwa einem Jahrzehnt erleben wir eine neue Welle der Gartenforschung, auch im Bereich der sogenannten englischen Gärten, in denen es um das aufklärerisch-romantische Verhältnis zur Landschaft geht, um solche Definitionen einer Naturästhetik, die — wie es scheint — heute noch eine gewisse Aktualität haben. Die Literatur über die britischen Gärten umfaßt gegenwärtig schon hunderte Titel,[1] in Frankreich gibt es seit den siebziger Jahren nicht nur Publikationen, sondern auch eine Reihe von Ausstellungen über den „jardin anglo-chinois",[2] und in Deutschland wird seit 1980 eine „grüne Reihe" geführt, in der bedeutende wissenschaftliche Arbeiten über die Gartengeschichte erscheinen.[3] Die englischen Gärten der benachbarten osteuropäischen Länder sind ebenfalls gewürdigt worden,[4] nur Österreich fehlt noch in diesem Kreis, obwohl die hiesigen Gärten zur Zeit der Aufklärung eine beachtliche Leistung bedeuteten. So ist das Material über österreichische Gärten der zweiten Hälfte des 18.

---

* Modifizierter Vortragstext vom 9. Dezember 1985.

[1] Ray DESMOND, Bibliography of British Gardens, in: St. Paul's Bibliographies, Winchester 1984. — J. D. HUNT/P. WILLIS (ed.), The Genius of the Place. The English Landscape Garden 1620—1820, London 1975 (repr. 1979), mit zahlreichen Quellentexten.

[2] Z. B. Ausstellungskatalog „Jardins en France 1760—1820, pays d'illusion, terres d'expérience", Paris (Hôtel de Sully) 1977 (mit Bibliographie und zahlreichen Abbildungen). — Außerdem über den französischen Landschaftsgarten am umfassendsten: Dora WIEBENSON, The Picturesque Garden in France, Princeton 1978. — In literaturhistorischer Hinsicht vgl. dazu Birgit WAGNER, Gärten und Utopien, in: Junge Wiener Romanistik, Bd. 7, Wien 1985.

[3] Wie etwa Wolfgang SCHEPERS, Hirschfelds Theorie der Gartenkunst 1779—1785, Grüne Reihe Bd. 2, Worms 1980; Günter HARTMANN, Die Ruine im Landschaftsgarten, Grüne Reihe Bd. 3, Worms 1981; Ingrid DENNERLEIN, Die Gartenkunst der Régance und des Rokoko in Frankreich, Grüne Reihe Bd. 4, Worms 1981.

[4] Anna ZÁDOR, The English Garden in Hungary, und Brian KNOX, The English Garden in Czechoslovakia and Poland, beide in: N. PEVSNER (ed.), The Picturesque Garden and Its Influence outside the British Isles, Dumbarton Oaks 1974.

Jahrhunderts verständlicherweise für die ausländische Forschung fast gänzlich unbekannt.[5]

Die Grundlagen für eine moderne Bearbeitung der englischen Gärten in Österreich sind dabei gar nicht so schlecht: eine nicht fertiggewordene kunsthistorische Dissertation von 1938 ist kürzlich der Forschung zugänglich gemacht worden,[6] eine ausführliche Zusammenfassung der österreichischen Landschaftsgärten findet sich in der Romantik-Dissertation von Susanne Skacha[7] aus dem Jahr 1976, der Katalogsbeitrag von Maria Auböck zur Josephsausstellung liefert einige Anregungen,[8] und schließlich kann der interessierte Leser die wichtigsten Veduten über diese Gärten im großen Opus von Nebehay - Wagner zusammensuchen.[9]

Mein Forschungsziel — das für die nächsten Jahre angelegt ist — besteht nicht so sehr in einer Chronologie oder in einer stilistischen Einordnung der englischen Gärten in Österreich, sondern eher in der Darstellung der ikonologischen Programme, in der Deutung der umfangreichen Ausstattungen anhand einer Untersuchung der sogenannten „fabriques", also Fragen und Problemen der Konzepte, die künstlerische, historische, soziale und philosophische Aspekte umfassen. Der vorliegende Vortrag ist sicherlich in vielen Punkten noch sehr unausgegoren, in ihm sollte jedoch ein Forschungsprozeß angedeutet werden, für den aus dem Kreis der Österreichischen Gesellschaft zur Erforschung des 18. Jahrhunderts wohl viele Anregungen zu erwarten sind. Aber auch eine rechtzeitige Kritik wäre zu begrüßen.

Verglichen mit Deutschland, Frankreich oder gar England hat es in Österreich in der zweiten Hälfte des 18. Jahrhunderts an theoretischen Auseinandersetzungen über das Gartenproblem — welches in den genannten Ländern unter moralischem und politischem Aspekt behandelt wurde[10] — nicht sehr viel gegeben. Wenn man vom Büch-

---

[5] Außer Laxenburg ist im Ausland praktisch nichts bekannt. Die Gärten von Neuwaldegg und Schönau werden hie und da kursorisch erwähnt.

[6] Elisabeth GASSELSEDER, Chronologischer Katalog der Landschaftsgärten in Wien und Niederösterreich (ein Versuch), Wien 1938, Manuskript — kürzlich von der Erbin, Frau Dr. Marlene Strauß-Zykan, freundlicherweise der Forschung zur Verfügung gestellt.

[7] Susanne SKACHA, Romantischer Schloßbau. Problematik sowie Aufnahme und Verarbeitung der romantischen Ideen in Österreich 1760/70 bis 1860/70, phil. Diss., Wien 1976 (Manuskript), S. 189—231.

[8] Maria AUBÖCK, Die Gärten der Aufklärung, in: Ausstellungskatalog „Österreich zur Zeit Kaiser Josephs II.", Stift Melk 1980, S. 214—217 bzw. 608—612.

[9] Ingo NEBEHAY / Robert WAGNER, Bibliographie Altösterreichischer Ansichtenwerke, 5. Bde., Graz 1981—1984.

[10] WAGNER (s. Anm. 2) für Frankreich. — Siegmar GERNDT, Idealisierte Natur — die literarische Kontroverse um den Landschaftsgarten des 18. und frühen 19. Jahrhunderts in Deutschland, Stuttgart 1981.

lein des Wilhelm Beyer mit dem Titel „Die Neue Muse oder der Nationalgarten“ 1784[11] absieht, das im großen und ganzen die Gedanken des deutschen Gartentheoretikers Hirschfeld[12] rezipierte, finden wir nur spärliche Notizen über die Gartenreformen, die auch Österreich erreicht haben.[13] Dagegen haben wir eine ganze Reihe von Quellen und veröffentlichten Beschreibungen, die die neuen Gärten Österreichs stolz vor Augen führen. In diesem Zusammenhang ist an die Reisebeschreibung von Friedrich Nicolai,[14] an die Tagebücher des Grafen Karl Zinzendorf[15] und an die Landschaftsschilderungen der österreichischen Autoren F. Gaheis, J. Widemann und J. Oehler — um nur die frühesten zu erwähnen[16] — zu denken. Daneben dürfen wir das außerordentlich wichtige Werk des Fürsten Charles Joseph de Ligne mit dem Titel „Coup d'oeil sur Beloeil“ nicht außer acht lassen, das zwar ursprünglich nicht in Österreich entstanden ist, vom österreichischen Adel jedoch gerne gelesen wurde.[17] Wahrscheinlich nach den Intentionen des Fürsten entstand ab 1807 das erste wissenschaftliche Gartenbuch Österreichs mit dem Titel „Description des Principaux Parcs et Jardins de l'Europe avec des remarques sur le jardinage et les plantations ...“, in französischer und deutscher Sprache, herausgegeben von einem gewissen Schrämbel, illustriert von Karl Schindelmayer.[18] Das Buch ist in der bisherigen —

---

[11] Vgl. dazu SKACHA (s. Anm. 7), S. 195—201.

[12] Beyers Beziehung zu Hirschfeld ist noch weitgehend ungeklärt. Zu Hirschfeld vgl. SCHEPERS (s. Anm. 3).

[13] Z. B. in der Zeitschrift „Der Weltmann — eine Wochenschrift besonders für vornehme Leser“, Bd. I, Wien 1782, S. 283f.

[14] Friedrich NICOLAI, Beschreibung einer Reise durch Deutschland und die Schweiz im Jahre 1781, Berlin und Stettin 1784, Bd. III.

[15] Graf Karl von ZINZENDORF, Wien von Maria Theresia bis zur Franzosenzeit — aus den Tagebüchern, hrsg. von Hans WAGNER, Wien 1972, S. 145—156.

[16] Franz d. P. GAHEIS, Wanderungen und Spazierfahrten in die Gegenden um Wien, Wien 1798—1808. — Joseph WIDEMANN, Mahlerische Streifzüge durch die interessantesten Gegenden um Wien, Wien 1805—1808. — Joseph OEHLER, Panorama von Wien, Wien 1807.

[17] Mehrmals herausgegeben, zuletzt in Paris von Ganay 1922. In Wien wurde dieses Gartenbuch in zwei Bänden in der großen Reihe: Charles PRINCE DE LIGNE, Melanges militaires, litteraires, sentimentaires, Vol. VIII und IX (Coup d'oeil sur Beloeil et sur une grande partie des jardins de l'Europe), Vienne 1795, herausgegeben. Zu Lignes gartentheoretischem Buch siehe Hans Joachim LOPE, „Coup d'oeil sur Beloeil“: Gartenarchitektur und Parkästhetik bei Charles Joseph de Ligne, in: Französische Literatur im Zeitalter der Aufklärung, Gedächtnisschrift für Fritz Schalk, hrsg. von W. HEMPEL, Frankfurt 1983, S. 208—223.

[18] Das Buch befindet sich in der Österreichischen Nationalbibliothek, Portraitsammlung, Inv.-Nr. Pb. 15.888 (ehem. Fideikommisbibliothek). Zwei Vorabdrucke aus dem Buch über Neuwaldegg gibt es außerdem in der Wiener Stadtbibliothek (A 7736) und in der Österreichischen Nationalbibliothek (235.478-A).

und spärlichen — Gartenforschung noch nicht verwendet worden, es beinhaltet zahlreiche wichtige Informationen, die für das Verständnis der englischen Gärten in Österreich unentbehrlich sind.

Aufgrund der bisherigen Erfassungen gab es in Wien und Niederösterreich zwischen 1765 und 1815 etwa vierzig große Anlagen, die in diesem Aufsatz freilich nicht alle vorgestellt werden können. Nur einige englische Gärten sollen vorerst in kurzer Form bekanntgemacht werden, um den Einstieg in die Problematik der Programme zu erleichtern. Danach werden fünf ikonologische Gruppen der Gartenausstattungen ebenfalls kurz zur Diskussion gestellt: 1. Chinoiserie und Exotismus in den englischen Gärten als Einfluß des Rokoko; 2. Darstellung des einfachen Lebens (Einsiedelei, Dorf, Ländlichkeit, Landwirtschaft); 3. „Gothic Revival" in Österreich (Neo-Gotik, Ritterdarstellungen, Ritterspiele); 4. Kult des Vergänglichen und des Ewigen (Ruine, Grab, Denkmal); und schließlich 5. Freimaurerei und englischer Garten in Wechselbeziehung.

Wie betont, handelt es sich hier um einen Forschungsentwurf, der später gefestigt und im Detail ausgearbeitet werden soll.

Abb. 1: J. Schmutzer, Zweite Ansicht von Neuwaldegg, 1782

Über den Garten von *Neuwaldegg* (Abb. 1) in Dornbach schreibt die zitierte Wiener „Description" 1807: „Die Einrichtung dieses Gartens nach englischer Manier begann im Jahre 1766, er ist der älteste der Art in Oesterreich, und hat sein Daseyn dem verstorbenen Feldmarschall Lassy zu danken, der in diesem ausgebreiteten Terrein alles, was nur immer regelmäßig angelegt war, änderte; freilich war diese Reforme anfangs nicht sehr beträchtlich, doch ließ sich in der Folge der Eigenthümer die Aufopferungen gefallen, wozu ihn die treffenden Bemerkungen vermochten, die ihm die Lords Grenville und Spencer dießfalls beybrachten."[19] Wirklich beachtet und ausgewertet wurde diese Stelle des ersten wissenschaftlichen Gartenbuches von Österreich noch nicht, obwohl sie gleichzeitig auf mehrere wichtige Phänomene aufmerksam macht: auf eine Primärstellung des Gartens von Neuwaldegg in „englischer Manier", auf eine unmittelbare englische Beratung und schließlich auf die Mischform zwischen „regelmäßig" und „unregelmäßig". Marschall Lacy — Abkömmling irischer Flüchtlinge — war also der erste Gartenmäzen in Österreich, der sich den neuen Ideen gegenüber nicht verschlossen zeigte und diesbezüglich auch internationale Kontakte knüpfte. Er muß auch ein Rousseau-Verehrer gewesen sein, da in Neuwaldegg ein sogenanntes Rousseau-Grab unmittelbar nach jenem in Ermenonville errichtet wurde.[20] Über Richard Grenville wissen wir auch einiges; er war der Besitzer des berühmten Gartens Stowe[21] und nicht nur ein Gartenkenner, sondern selbst auch am Entwurf beteiligt. Lord Spencer — der 1792 in Österreich weilte[22] — war der Herr von Blenheim, wo seit der Jahrhundertmitte durch Capability-Brown eine der wichtigsten Landschaftsgartenanlagen entstand.[23] So kann man mit Recht vermuten, daß der englische Gartenstil in Österreich aus unmittelbaren Quellen gespeist wurde. Es wäre in diesem Zusammenhang eine interessante historische Frage, ob die österreichische Aristokratie — außer Lacy — mit England in der zweiten Hälfte des 18. Jahrhunderts Kontakte in künstlerischen Fragen unterhielt oder ob solche Beziehungen zufällig und vereinzelt waren. Dabei wäre auch nach der weltanschaulichen Orientierung zu fragen, da wir wissen, daß Gren-

---

[19] Ebenda, S. 97—106. Über Neuwaldegg siehe außerdem Géza Hajós, Neuwaldegg — der älteste Garten „nach englischer Manier" in Österreich, in: Wiener Jahrbuch für Kunstgeschichte 39 (1986), S. 109—144.

[20] In Ermenonville wurde das sog. Rousseau-Grab von Architekt Hubert Robert 1778—1780 errichtet; schon 1781 hat F. Nicolai (s. Anm. 14) die ähnliche Anlage in Neuwaldegg mit etwas Unverständnis registriert.

[21] Michael McCarthy, Eighteenth Century Amateur Architects and their Gardens, in Pevsner (s. Anm. 4), S. 34ff.

[22] Zinzendorf (s. Anm. 15), S. 152.

[23] The Genius of the Place (s. Anm. 1), S. 280 (Abb. 87).

ville in seiner Jugend zusammen mit William Pitt, Lord Lyttleton und seinem Bruder George unter der Obhut seines Onkels Viscount Cobham zu dem deistischen-freimaurerischen Kreis der „boy-patriots" gehörte.[24] Der aufgeklärte Friedrich Nicolai aus Berlin hatte 1781 Neuwaldegg besucht und die Anlage sehr gelobt, und der Freimaurer Jakob Schmutzer fertigte die ersten Panorama-Ansichten des Gartens an.[25]

Abb. 2: L. Janscha, Die „Alpenhütte" am Cobenzlberg, um 1790

Die Anlage *Cobenzl* im Eigentum des Grafen Philipp Cobenzl auf dem Reissenberg ist weniger als Garten, sondern eher als Landschaftsverschönerung anzusehen.[26] Laurenz Janschas Aquarell mit den berühmten Baumhäusern (Abb. 2) wurde z. B. als „partie de la campagne" betitelt.[27] Die ab 1774 schrittweise ausgeführte Anlage

[24] Adrian von BUTTLAR, Der englische Landsitz, in: Studia Iconologica, Bd. 4, Mittenwald 1982, S. 112 ff.

[25] Vgl. dazu NEBEHAY / WAGNER (s. Anm. 9), Bd. III, S. 178.

[26] Zu Cobenzl siehe NICOLAI (s. Anm. 14), Bd. III, S. 116 ff. — GAHEIS (s. Anm. 16), Bd. I (Heft 4: Juni 1797), S. 16—38.

[27] Albertina Wien, unter: Österreich, XVIII. Jh., Bd. 16/1.

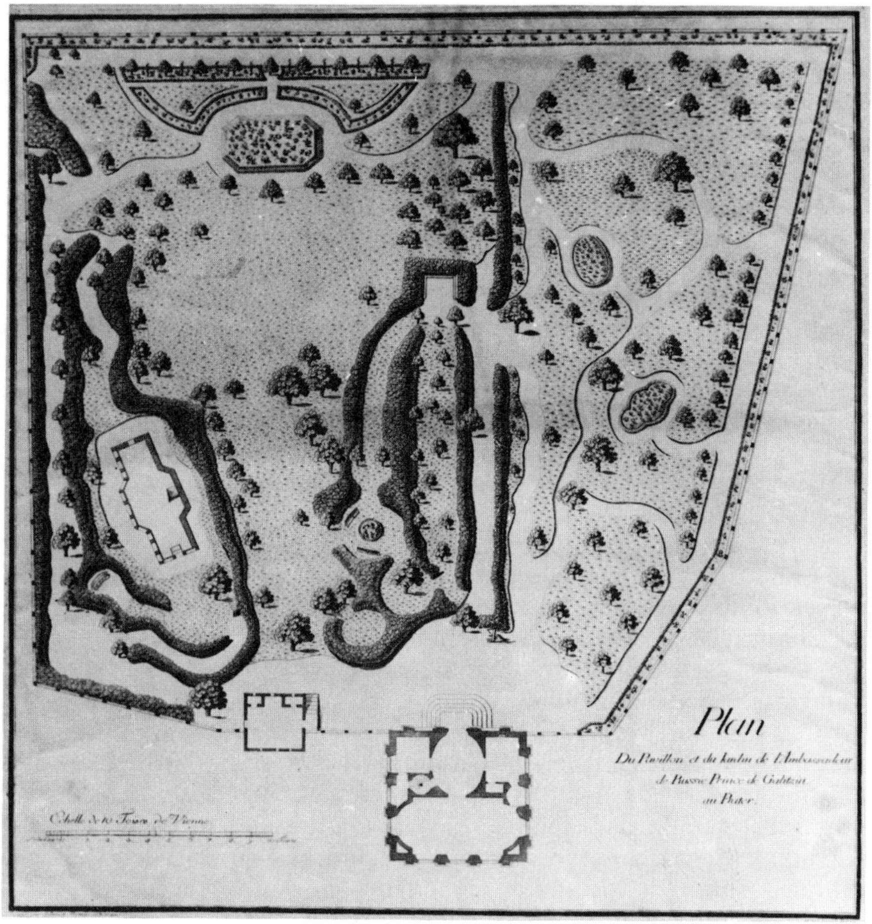

Abb. 3: Der Gallitzinsche Garten im Prater, Grundriß um 1775

muß also vollkommen auf der Höhe der Zeit gestanden sein und zeigte eine geradezu radikale Naturlösung. Die „Fabriques" waren alle aus Holz, die künstlichen Grotten wurden u. a. auch von Mozart bewundert; sie bedeuteten eine erste konsequente ästhetische Auswertung und Interpretation der landschaftlichen Umgebung Wiens. Karl Graf Zinzendorf schätzte am Cobenzl die wundervolle Aussicht,[28] und so wurde diese Anlage neben Neuwaldegg schon zu Ende

[28] ZINZENDORF (s. Anm. 15), S. 149 f.

des 18. Jahrhunderts zu einem der beliebtesten Ausflugsziele für die Wiener.[29]

Philipp Graf Cobenzl war in den sechziger Jahren in den Niederlanden und muß dort mit fortschrittlichen westlichen Ideen auch bezüglich Gartengestaltung konfrontiert worden sein.[30] Überdies war er — wie man heute weiß[31] — in den siebziger Jahren Illuminat. Sein Interesse galt nicht nur den Naturschönheiten, sondern auch der Landwirtschaft, am Cobenzl wurde auch eine fortschrittliche Meierei gegründet.

Fürst Demeter *Gallitzins* kleiner *Garten im Prater* wurde 1775 angelegt,[32] im Umfang zwar klein, in der Grundrißgestaltung (Abb. 3) jedoch sehr bedeutend,[33] nämlich im Gegensatz zu Neuwaldegg in konsequentem englischen Stil verwirklicht. Geschlungene Wege, Asymmetrie und malerische Komposition zeichnen dieses Gartenwerk aus, von dessen Mäzen wir viel zu wenig wissen. Gallitzins viel größerer Garten am Predigtstuhl — heute Gallitzinberg — zeigte sehr wichtige „Fabriques", von denen noch die Rede sein wird.

Johann Graf *Fries* ließ seine *Gärten in Vöslau* in zwei Etappen, 1777 und um 1795, verschönern.[34] Im echten englischen Stil entstand der Gartenbereich um die Familiengruft, und mehrere Bauten sowie Ausstattungen weisen auf die freimaurerische Denkweise des Grafen hin. Gaheis schreibt 1800: „Die Kunst dieser Anlage ist so versteckt, und so sehr der Natur nahe gebracht, daß man wie bei Ifflands Spiel nicht Zeit hat an Kunst und Künstler zu denken. Zu dem machen die hier aufgestellten Gottheiten Isis und Osiris und die mit ihnen übereinstimmenden Hieroglyphen den ohnehin neuen Eindruck noch dadurch frappanter, daß man sich in die Gefilde des so merkwürdigen Ägyptens versetzt zu seyn wähnt."[35] Johann Fries war in den vierziger Jahren — ähnlich wie später Cobenzl — in den Niederlanden in finanziellen Fragen im sogenannten englischen Kommissariat tätig. Als

---

29 Gaheis, wie Anm. 26.

30 Wurzbach, Biographisches Lexikon, Bd. II, S. 391 f.

31 R. van Dülmen, Der Geheimbund der Illuminaten, Stuttgart - Bad Cannstatt 1975, S. 441. Diesen Hinweis verdanke ich Frau Eva Huber, Wien. Sie bereitet eine Dissertation mit dem Titel „Die gesellschaftspolitische Funktion und die Binnenstruktur der Freimaurer Wiens unter Joseph II." vor.

32 Gasselseder (s. Anm. 6), S. 12. — W. Kisch, Die alten Straßen und Plätze von Wiens Vorstädten, Wien 1888, Bd. III, S. 19, 22. Außerdem L. M. Weschel, Die Leopoldstadt bei Wien, Wien 1824, S. 491, 552.

33 Ein Plan befindet sich in der Albertina Wien, unter: Diverse Schulen, LV/3.

34 Erwin Hainisch, Der Architekt Johann Ferdinand Hetzendorf von Hohenberg, Innsbruck - Wien 1949, S. 40 ff. — Widemann (s. Anm. 16), Bd. I (1805), S. 147 bis 152. — Gasselseder (s. Anm. 6), S. 78 ff.

35 Gaheis (s. Anm. 16), Bd. V (1800), S. 107 f.

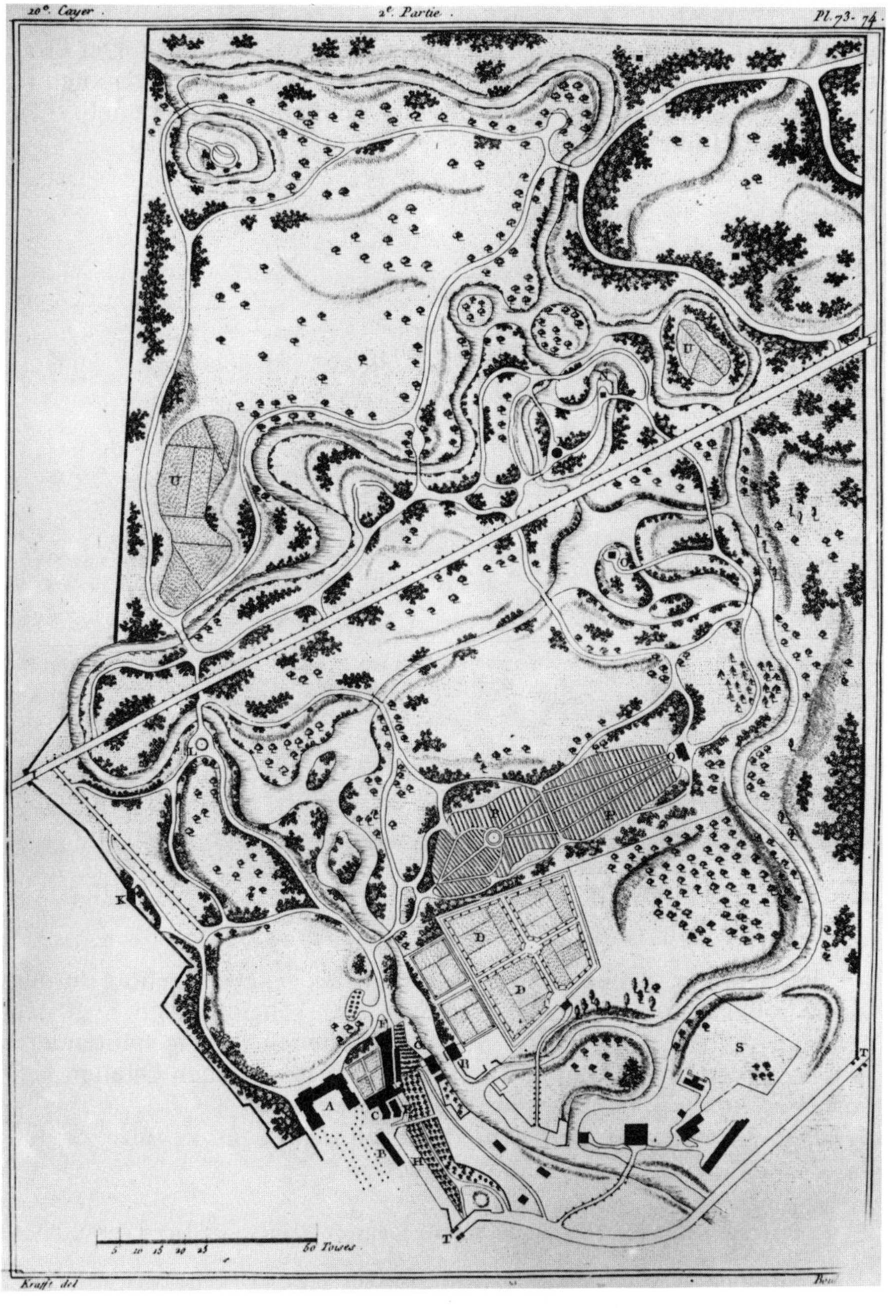

Abb. 4: Der Harrachsche Garten in Bruck a. d. Leitha, Grundriß spätes 18. Jh.

Heeresversorger machte er große Geschäfte und wurde 1762 in den Freiherrenstand, 1783 in den Reichsgrafenstand erhoben.[36] Als Freimaurer war er Mitglied der Loge „Zum heiligen Joseph".[37] Der Graf beschäftigte den Architekten Hohenberg sowohl in Wien als auch in Vöslau, dessen Gartenprospekt bei den Zeitgenossen den englischen Denker H. Home evozierte.[38]

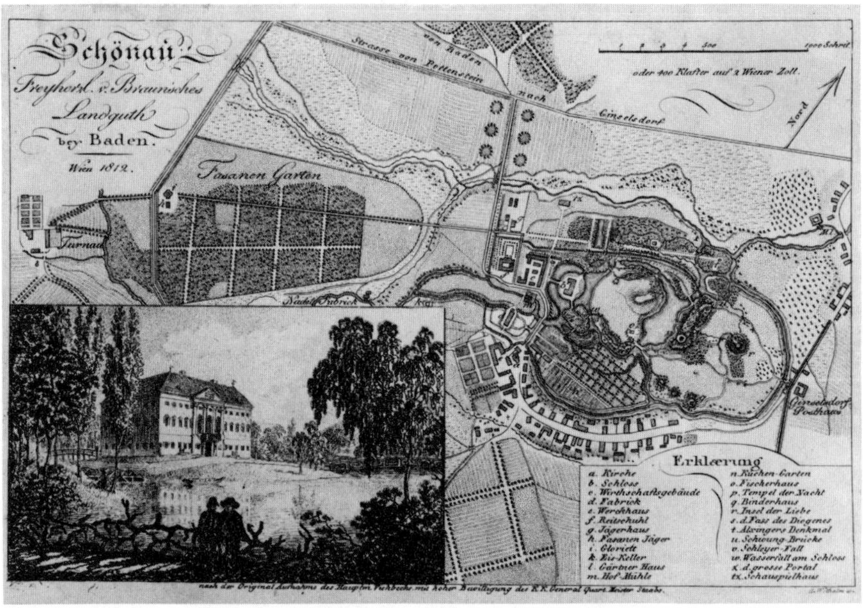

Abb. 5: Der Braunsche Garten in Schönau bei Baden, Grundriß 1812

Fürst Georg Adam *Starhembergs Garten in Erlaa* gehört zu den weniger bekannten Anlagen, er wurde wahrscheinlich noch in den achtziger Jahren ausgeführt.[39] Mit verschiedenen Staffagebauten ausgestattet, erregte der Garten — wie die zeitgenössischen Quellen hervorheben — die Bewunderung Kaiser Josephs II.

Der *Harrachsche Garten in Bruck an der Leitha* gehörte zu den

[36] WURZBACH (s. Anm. 30), B. IV, S. 361 ff.

[37] L. ABAFI, A szabadkőművesség története Magyarországon, Budapest 1900, Bd. 4, S. 240.

[38] HAINISCH (s. Anm. 34), S. 41 (darin Hinweis auf I. DE LUCA, Das gelehrte Österreich, Bd. I., 2. Stück, Wien 1778, S. 317).

[39] GAHEIS (s. Anm. 16), Bd. IX (August 1800). — OEHLER (s. Anm. 16), S. 267 f.

größten englischen Landschaftsgärten in Österreich und wurde ab 1789 angelegt (Abb. 4). Der heute noch erhaltene große Park wurde von Gaheis als „ein heroisches Gedicht, einfach und mit Würde" charakterisiert; außerdem betont er, daß diese Gegend „... überhaupt eine von denjenigen (ist), über welche Prinz de Ligne in seinem Werk von den Gärten Coup d'oeil etc. so richtige Bemerkungen aufstellt".[40] In der Tat ließ hier Johann Graf Harrach einen reinen Landschaftsgarten mit relativ wenig Staffagebauten durch den aus Anhalt-Dessau gebürtigen Gärtner Christoph Lübeck anlegen, der sich auch als Botaniker einen Namen machte.[41] Wahrscheinlich deshalb entstand um 1790 in diesem Park ein Tempel der Botanik. Aus den Nebenarmen der Leitha und aus künstlichen Kanälen entwickelte der Gärtner eine abwechslungsreiche, malerische Flußlandschaft, in der sämliche Regelmäßigkeiten der barocken Tradition abgelegt wurden.

Der *Braunsche Garten von Schönau* (Abb. 5) bei Günselsdorf in der Nähe von Baden wurde ab 1796 angelegt und gehörte um 1800 zu den meist besuchten Sehenswürdigkeiten in der weiteren Wiener Umgebung.[42] Der Fabrikant und Hofbankier Peter von Braun (später auch Leiter des Hoftheaters) gehörte zu den wichtigsten Vertretern der Freimaurerei in Wien. Das Zentrum der relativ kleinen englischen Anlage war der sogenannte Tempel der Nacht, eine rituell ausgestattete künstliche Grotte, auch für Geheimtreffen eingerichtet.[43] Fürst Pückler-Muskau besuchte 1807 Schönau und kritisierte als Verfechter des reinen Landschaftsgartens im Sinne von Capability-Brown dessen lächerliche Staffagen: „... dann konnte ich mich nicht enthalten, über die thörichten Menschen die Achseln zu zucken, welche korinthische Säulen an Lusthäusern anbringen, Peterskirchen in Hundeställen darstellen wollen, und dies alles einen englischen Garten nennen ..."[44] Trotz dieser spöttischen Bemerkungen gehört Schönau zu den bedeutendsten englischen Anlagen in Österreich; sie ist zum Teil bis heute noch erhalten. Ihr Grundriß und ikonologisches Programm aus der Zeit vor 1800 stellen ein fortschrittliches Werk des durch Frühindustrie reich gewordenen Bürgers von Braun dar.

Diese kurze Reihe soll durch den *kaiserlichen Garten von Laxenburg* abgeschlossen werden, der in zwei Etappen zu einem großen (und bis heute erhaltenen) englischen Landschaftspark umgestaltet

---

40 GAHEIS (s. Anm. 16), Bd. VI (1801/02), S. 50.

41 Ebenda S. 38f.

42 WIDEMANN (s. Anm. 16), Bd. I (1805), S. 114—146. — Wiener Description (s. Anm. 18), Bd. II, S. 22—33.

43 GAHEIS (s. Anm. 16), Bd. V (1802), S. 21ff.

44 L. ASSING (Hg.), Reisetagebücher und vermischte Aufsätze des Fürsten Hermann von Pückler-Muskau, Bd. 2, Hamburg 1873, S. 39.

wurde. Schon aus den Jahren 1782/83 kennen wir einen Plan von Isidore Canevale;[45] damals wurde der barocke Garten — angeregt durch Kaiser Josephs Besuch in Ermenonville — zum Teil verändert, aber die richtige Neuschöpfung begann erst 1798 im Bereich der Franzensburg, die das romantische Zentrum des ausgedehnten Landschaftsparks wurde.[46] Gaheis erwähnt Christoph Lübeck als Botaniker der kaiserlichen Gärten Augarten und Laxenburg in den achtziger Jahren, außerdem kennen wir den Namen des Gartenarchitekten Le Februe d'Archambault, der 1782/83 ebenfalls Umgestaltungspläne für Laxenburg vorgelegt haben soll. Le Februe kam aus den Niederlanden, wo er im Dienste des Herzogs Albert von Sachsen-Teschen den dortigen Garten in Laeken im englischen Stil veränderte. Herzog Alberts Impulse und Anregungen in Laxenburg könnten eine wichtige Rolle gespielt haben, da ein Teil dieses Gartens vor 1780 zu einem Geschenk anläßlich seiner Verlobung mit Erzherzogin Maria Christine gehörte. Den frühen Tod seiner Gattin betrauerte Albert — der übrigens ebenfalls ein engagierter Freimaurer gewesen ist — auch an einer Gedenkstätte im englischen Garten des Franz von Mack,[47] Kammerjuwelier und Meister der Loge „Zum heiligen Joseph".

Die kurze Übersicht von einigen bedeutenden englischen Gärten aus der Wiener Umgebung ist keinesfalls vollständig, man sollte in diesem Zusammenhang vielleicht noch auf Ebersdorf (Koržensky), Hadersdorf (Laudon), Wien/Landstraße (Esterházy), Am Himmel in Sievering (Braun und Mack), Hütteldorf (Paar und Liechtenstein), Schönborn bei Göllersdorf und Pötzleinsdorf (Geymüller) hinweisen.[48] All diese Anlagen waren noch im 18. Jahrhundert begonnen worden und zeigten den neuen Stil oder, wie man um 1800 formulierte, die „englische Manier".[49] Unsere fünf Fragenkomplexe werden also auch diese Gärten berücksichtigen müssen. Die Hinweise auf die Freimaurerei des jeweiligen Gartenmäzens waren nicht unabsichtlich, denn dieser Bezug sollte die letzte (und vielleicht neueste) Problemstellung dieses Vortrages sein.

1. Chinoiserie und Exotismus. Im ganzen 18. Jahrhundert wurden die Gärten des „Régence" und Rokoko sowie auch die Anlagen im englischen Stil mit exotischen Bauten ausgestattet, illustriert. Die China-

---

45 Auböck (s. Anm. 8), Kat. Nr. 1285, S. 611.
46 Joseph Zykan, Laxenburg, Wien-München 1969.
47 Im Garten Kalksburg, zit. bei Gasselseder (s. Anm. 6), S. 75. Siehe dazu Gaheis (s. Anm. 16), Bd. VI (1802), S. 111f.
48 Zu diesen Gärten siehe Gasselseder (s. Anm. 6), S. 18, 32, 34, 70, 43, 61, 59, 93.
49 Z. B. in der Wiener Description (s. Anm. 18), Bd. I, S. 97.

mode erreichte Europa schon um 1670 und rollte in drei Wellen über die Inseln und den Kontinent.[50] Selbst die Entstehung des englischen Gartens etwa um 1725 im geistigen Dunstkreis von Lord Burlington wird u. a. auf unmittelbare Anregungen aus China zurückgeführt: 1724 wurden in London die Radierungen des Jesuitenpaters Matteo Ripa über chinesische Gärten ausgestellt und auch verkauft; ein Exemplar befand sich nachweislich in der Burlington-Bibliothek.[51] Als Prinzip „Sharawagdi" wurde die Denkweise der Chinesen zuerst in England in der Gartengestaltung aufgegriffen: die Beachtung der Beschaffenheit des Gartengrundes, die Schätzung des Wassers, die Hervorhebung der Mannigfaltigkeit und der Kontraste sowie die Bevorzugung der Serpentinen-Linie. Der um die Mitte des 18. Jahrhunderts entstandene Begriff „jardin anglo-chinois" zeigt uns, daß im Zeitalter des Rokoko die englische Auseinandersetzung mit dem chinesischen Garten auch auf dem Kontinent schrittweise verbreitet wurde.[52] Die exotischen Bauten traten jedoch früher auf als die Reform des Gartengrundrisses etwa in Twickenham, Chiswick oder Stowe.[53] Sie kennzeichneten allerdings eine Philosophie, die in die frühe Phase des englischen Gartens gut hineinpaßte. Um 1750 erleben wir dann eine zweite Phase der China-Diskussion im Gartenbereich,[54] nämlich zwischen W. Chambers (dem Verfechter) und Capability-Brown (dem Gegner) in England. Die chinesischen und exotischen Bauten störten schon einige englische Gartentheoretiker, da sie ein reines Naturbild zu verwirklichen beabsichtigten. Um 1780 setzte in Deutschland die Chinakritik ein, und auch in Österreich wetterte der gebürtige Deutsche Wilhelm Beyer in seinem erwähnten Gartenbuch gegen Chambers.[55] Eine echte und breitangelegte Gartendiskussion über die Chinoiserie mit gesellschaftlichen Aspekten hat jedoch in Wien nicht stattgefunden. Im Gegenteil: in den letzten drei Jahrzehnten des 18. Jahrhunderts entstanden in Österreich zahlreiche chinesische Pavillons, Brücken, Vogelhäuser usw. Es soll in diesem Zusammenhang auf den Großen und Kleinen Chinesischen Pavillon von Neuwaldegg

---

[50] Reallexikon zur Deutschen Kunstgeschichte, Bd. III, Stuttgart 1954, Sp. 439—481 (bearb. von E. Köllmann).

[51] Rudolph Wittkower, English Neo-Palladianism, the Landscape Garden, China and the Enlightenment, in: L'arte XI, Nr. 6, Juni 1969, S. 18—35.

[52] Adrian von Buttlar, Englische Gärten in Deutschland — Bemerkungen zur Modifikation ihrer Ikonologie, in: „Sind Briten hier?", Relations between British and Continental Art 1680—1880, hrsg. vom Zentralinstitut für Kunstgeschichte in München, München 1981, S. 102ff.

[53] Die Literatur zu diesen Gärten bei Desmond (s. Anm. 1) in alphabetischer Reihenfolge.

[54] Wiebenson (s. Anm. 2), S. 39—63.

[55] W. Beyer, Die Neue Muse oder der Nationalgarten, Wien 1784, S. 8.

(Abb. 6) (nebst zahlreichen chinesischen Brücken) um 1770 hingewiesen werden.
Ein anderes Beispiel begegnet uns im Garten von Schönborn (Abb. 7), und die letzten Zeugnisse der Chinoiserie finden wir sogar noch nach 1800.[56] Hierzulande traten auch türkische Bauten als exotische Gartenstaffage auf, etwa der türkische Pavillon in Laxenburg. All diese Bauten zeigen uns, daß in Österreich trotz der modernen „englischen Manier" der Stil des Rokoko noch lange nicht überwunden war.

Abb. 6: Neuwaldegg, Großer chinesischer Pavillon, Zustand im frühen 19. Jh.

2. Das einfache Leben. Einsiedeleien waren schon vor dem 18. Jahrhundert ein wichtiger Bestandteil der barocken Religiosität, sie bekamen jedoch parallel zur Aufklärung neue Inhalte und wurden für die Gärten des Rokoko und des englischen Stils schrittweise uminterpretiert. In Frankreich „eremitage" genannt (wie etwa in Ver-

[56] Eines der repräsentativsten und spätesten Beispiele für den chinesischen Pavillon in einem Landschaftsgarten befand sich in Eisgrub/Böhmen, vgl. dazu NEBEHAY / WAGNER (s. Anm. 9), Bd. III, S. 192 (Nr. 75 und 76).

Abb. 7: Schönborn bei Göllersdorf, chinesischer Pavillon im Garten (Aquarell von L. Janscha), um 1790

sailles für Ludwig XV. und Madame Pompadour[57]), dienten diese naturverbundenen Bauten zur Entfaltung einer neuen Intimität, weitab vom zeremoniellen Bereich des Schlosses und entlastet von Repräsentationspflichten. Die Einsiedeleien sicherten dem Adel eine ungebundene Freiheit, die ihm anderswo nicht vergönnt war. Wir wissen außerdem, daß diese Anlagen oft mit Nutzgärten und Tierhaltung verbunden waren, sie wurden also oft als experimenteller Ort betrachtet. Nach Hirschfelds Formulierung war die „Einsiedelei" ein emotionsauslösendes Element im Garten, sie bedeutete das kontemplative Leben in der Wildnis und eine Möglichkeit der Reflexion über die Vergänglichkeit.[58] Wir kennen zahlreiche Einsiedeleien in Österreich: in Ebersdorf im Garten der Gräfin Krožensky, im Park von Am Himmel/Wien-Sievering des Adolph von Braun, im erwähnten Garten von Mack in Kalksburg, im Paarschen Garten von Hütteldorf und schließlich auch in Laxenburg, wo der Architekt Hohenberg um

[57] Dennerlein (s. Anm. 3).
[58] Schepers (s. Anm. 3), S. 45, 210ff., 241, 245.

1800 eine solche Anlage in tempelartiger Form (Abb. 8) (bereichert mit maschinell bewegbaren Eremitenfiguren) errichtet hat.[59] So wurden die Einsiedeleien im späten 18. Jahrhundert zu einer Spielart, die in England schon um 1770 heftig abgelehnt wurde (Horace Walpole, William Mason und Capability-Brown).[60]

Abb. 8: Laxenburg, Eremitage um 1800 (von Architekt Hohenberg)

Die Einsiedelei als altes Motiv des Barockgartens führte jedoch zur Entstehung von neuen Gartenausstattungen, zur Formulierung von neuen fortschrittlichen Ideen: künstliche Dörfer und Meiereien sind in diesem Zusammenhang zu erwähnen, die ein neues Gefühl der Ländlichkeit und ein neues Verhältnis zur Landwirtschaft zum Ausdruck gebracht haben. Zahlreiche Beispiele auch dieser Gattung der Gartenstaffage sind in Österreich bekannt: allen voran das Neuwaldegger Hameau (oder Holländerdörfel), das erst nach dem Zweiten Weltkrieg endgültig zerstört wurde, die spurlos verschwun-

[59] Diese Angaben basieren auf der Auswertung zeitgenössischer Beschreibungen (vgl. dazu Anm. 16).

[60] SCHEPERS (s. Anm. 3 und 58).

denen Alpenhütten am Cobenzl, das Bauerndorf in Ebersdorf, das Fischerhäuschen in Bruck an der Leitha, das Bauernhaus mit Billardzimmer Am Himmel/Wien-Sievering, die Köhler-, Fischer- und Binderhütten in Schönau (Abb. 9), das Holländerhaus in Kalksburg, die Fischerhütte in Hütteldorf (im Garten der Gräfin Paar) und schließlich das Fischerdörfchen in Laxenburg.[61]

Abb. 9: Schönau bei Baden, Fischerhütte, sp. 18. Jh.

Die Verwirklichung der ländlichen Idylle im Sinne Rousseaus im Bereich des englischen Gartens hatte eine doppelte Bedeutung: einerseits die Sehnsucht nach Arkadien, andererseits die Formulierung von sozialutopischen Vorstellungen, daß nämlich „Schloß“ und „Dorf“ im selben Naturrahmen verwirklicht werden können. In England existierte der Begriff „ornamental farm“ schon seit der Mitte des 18. Jahrhunderts, und Whatley schrieb in seinem berühmten Werk „Observations on Modern Gardening“ 1770, daß der alte Geschmack

[61] Wie Anm. 59.

erst dann verbessert werden kann, wenn das „Nützliche" und das „Angenehme" nicht mehr voneinander getrennt betrachtet werden.[62] In England wurde sogar in der zweiten Hälfte des Jahrhunderts die landwirtschaftlich kultivierte Landschaft durch komponierte Aussicht in den englischen Garten miteinbezogen (als Beispiele könnten Rousham oder West Wycombe genannt werden).[63] Das Neuwaldegger Hameau mag zwar Impulse aus Versailles (Petit Trianon der Marie-Antoinette) erhalten haben, eine Beeinflussung aus England wäre aber auch in Betracht zu ziehen. Vom Cobenzl wissen wir, daß dort — wie erwähnt — eine mustergültige Meierei eingerichtet wurde. Somit müßten wir nicht nur das spielerische Element der künstlichen Dörfer hervorkehren, obwohl dieses zweifellos auch vorhanden gewesen ist.

3. „Gothic Revival" in Österreich. Der schon öfters erwähnte Wilhelm Beyer schrieb 1784: „Wollte man aber etwas Nationales von einem Ruine in seinem Garten aufstellen, so wäre ein Theil von einem gotischen Tempel aus älteren Zeiten sehr geschickt dazu."[64] Und weiter: „Es ist wahres Vorurtheil zu glauben, daß gothischer Geschmack einen verdorbenen Geschmack bedeute. Die akademischen Mitglieder sollen also diese Bauart nicht ganz verweisen, sondern es sich vielmehr angelegen seyn lassen ..."[65] Spätestens also in den achtziger Jahren setzte auch in Österreich der Gedanke des „Gothic Revival" ein, er wurde in bestimmten Zusammenhängen neben der Klassik schon akzeptiert. Hohenbergs Umgestaltung der Minoriten- und Augustinerkirche fällt ebenfalls in diese Zeit.[66] Ob diese Neo-Gotik mit den antibarocken Tendenzen des Josephinismus zu tun hat, wäre in Hinkunft zu klären. Aus der Zeit um 1790 kennen wir schon mehrere gotisierende Gartengebäude in der Wiener Umgebung, aber auch in Salzburg. Der „gotische" Baumtempel am Cobenzl[67] ist ein Zeugnis für die ursprüngliche Bedeutung dieses Stiles im 18. Jahrhundert (Abb 10); „gotisch" war vorerst nicht so sehr mit konkreten mittelalterlichen Epochen verbunden, sondern eher ein Sinnbild für das Primitive, Naturverbundene, in Wachstum Befindliche. Gotik und Wald waren in der Ästhetik des 18. Jahrhunderts fast synonyme

---

62 Über Whatley siehe SCHEPERS (s. Anm. 3), S. 72 f.

63 Diese beiden Gärten konnte ich 1985 besuchen und die vorliegende These auch noch gegenwärtig verifizieren.

64 BEYER (s. Anm. 55), S. 14.

65 Ebenda (Anmerkung).

66 HAINISCH (s. Anm. 34), S. 17 ff.

67 Dieser Baumtempel mit gotisierendem Maßwerk in den Geländern ist wohl in den neunziger Jahren des 18. Jahrhunderts entstanden. Vgl. dazu eine Federzeichnung von J. Blaschke, Historisches Museum der Stadt Wien, I. Nr. 45336.

Begriffe.[68] Zu den frühesten Beispielen des „Gothic Revival" in England gehört der „Gothic Temple" in Stowe von Architekt Gibbs aus dem Jahr 1741 und natürlich die berühmte Anlage von Strawberry Hill von Horace Walpole, errichtet zwischen 1747 und 1797.[69]

Abb. 10: Der gotische Baumtempel am Cobenzlberg, sp. 18. Jh.

Das früheste Denkmal deutscher Neogotik ist das sogenannte Gotische Haus in Wörlitz (zwischen 1773 und 1786).[70] Man darf natürlich diese Bauten nicht überinterpretieren, oft sind sie — ähnlich wie die exotischen Staffagen der Chinoiserie — bloß als Spielereien verwendet worden. Der gotische Tempel auf dem Gallitzinberg hat mit „Gotik" nur wenig zu tun, er zeigt eher revolutionsklassizistische Züge, eine echt romantische Anlage scheint dagegen das Haus „Muthwill" mit der gotischen Ruine im Garten der Gräfin Paar in

[68] E. MAROSI, Interpretationsprobleme in der Geschichte der mittelalterlichen Kunst — Begriffsapparat und Qualitäten, in: Kunsthistoriker, 1986, Nr. 1/2, S. 9.

[69] Zum Phänomen „Gothic Revival" in England vgl. K. CLARK, The Gothic Revival. An Essay on the History of Taste, London 1962. — M. MCCARTHY, The Origins of the Gothic Revival, New Haven - London 1987.

[70] HARTMANN (s. Anm. 3), S. 242f.

Hütteldorf gewesen zu sein. Nicht näher datierbar ist ein kapellenartiges Gebäude mit gotisierenden Stilzügen im Starhembergischen Garten von Pottendorf aus dem späten 18. Jahrhundert. Das gotische Panorama im Prater wurde ebenfalls noch im 18. Jahrhundert errichtet und könnte vielleicht mit dem Namen von Architekt Hohenberg in Verbindung gebracht werden.[71]

Abb. 11: Ritterumzug in Laxenburg, 1791

Zum Phänomen „Gothic Revival" gehören auch die Ritterspiele bzw. Ritterdarstellungen, die — wie das hier gezeigte Beispiel beweist — schon 1791 in Laxenburg (Abb. 11) stattgefunden haben.[72] Die später errichtete Franzensburg ist als eine romantische Anlage, als eine ins Mittelalter zurückprojezierte Residenz zu verstehen, in der restaurative Herrschaftsansprüche demonstriert wurden.[73] Außer Laxenburg ist uns in Schönau ein „Spielplatz" für Ritter und in Kalksburg die Darstellung eines Ritters auf einem Blindfenster bekannt. Der Ritterkult gehört eigentlich zur zweiten Phase des „Gothic Re-

[71] Zu den gotisierenden Gartengebäuden siehe Anm. 59 und 16.
[72] Albertina Wien, LV/4 (Div. Schulen, Karajan).
[73] HARTMANN (s. Anm. 3), S. 304—316.

vival" und zeigt, daß die erste nationale Identitätsfindung aus der Suche nach einem „Naturstil" hervorgegangen ist.[74]

4. Kult des Vergänglichen und des Ewigen (Ruine, Grab, Denkmal). Nach Hirschfelds Definition war die Ruine „Zubehör der einsamen, sanft melancholischen, ernsthaften und feyerlichen Gegend".[75] Die Visualisierung der Zeitwirkung war eines der wesentlichen Elemente des englischen Gartens. In der Theorie unterschied man zwischen „gotischer" und „klassischer" Ruine. In Österreich waren die meisten künstlichen Ruinen klassische Ruinen — man denke nur an Schönbrunn, an den Gallitzinberg (Abb. 12), an Neuwaldegg, Ebersdorf, Vöslau, Erlaa oder den Juliusberg.[76] Sie stellten eine mehr oder weniger bewußt gemachte Kritik an der Gegenwart dar, die in den Augen der Zeitgenossen mit der verlorenen Zeit nicht umzugehen vermochte. Die gotische Ruine dagegen — in Österreich ist bis jetzt nur der Paarsche Garten in Hütteldorf in diesem Zusammenhang bekannt — war positiv, als symbolischer Beleg für das Wirken der Naturkräfte eingesetzt.[77] Querverbindungen sind freilich nicht auszuschließen: z. B. das ruinenartige klassische Tempelchen in Ernstbrunn, das als Einfassung des kraftvollen „Neubrunns" diente. Inwieweit mit Ruinen auch politische Aussagen verbunden waren — man denke z. B. an die Schönbrunner Ruine und die mit ihr verbundenen zeitgenössischen Aussagen bezüglich Preußens oder Frankreichs unter Hinweis auf Karthago — wäre eine konkrete Frage an den Historiker, der sich mit dem 18. Jahrhundert beschäftigt. Erhaltung und Errichtung von Ruinen als doppelgesichtiges Phänomen war für das Geschichtsbewußtsein des 18. Jahrhunderts charakteristisch, einer Epoche, in der ein neues Verhältnis zur Zeit überhaupt entwickelt wurde.[78]

Eben auf diese philosophische Haltung sind die naturverbundenen Gräber in den englischen Gärten zurückzuführen (als schönes Beispiel dient dafür Lacys Grab in Neuwaldegg), in welchen der Tod als Bestandteil eines umfassenden Naturkonzeptes vergegenwärtigt wird. Im Rahmen des Vanitas-Themas stellte die englische Lyrik des 18. Jahrhunderts die verfallende Architektur oft dem dahinwelkenden Menschen gegenüber. So waren in den englischen Gärten nicht nur konkrete, sondern auch symbolische Grabesstätten vorhanden, man

---

[74] MAROSI (s. Anm. 68), S. 9.

[75] SCHEPERS (s. Anm. 3), S. 45.

[76] Vgl. Anm. 59.

[77] HARTMANN (s. Anm. 3), S. 130ff.

[78] R. KOSELLECK, Vergangene Zukunft. Zur Semantik geschichtlicher Zeiten, Frankfurt a. M. 1979, S. 130—143.

unterschied noch nicht streng — ähnlich wie bei der Ruine — zwischen künstlichen und natürlichen Werken. Es wurde eine symbolische Sprache entwickelt, die dem neuen Todeskult Ausdruck verlieh: abgebrochene Säule, Urne oder Steinhaufen gehörten u. a. zu oft verwendeten Requisiten. In Neuwaldegg war außer Lacys Grabmausoleum auch eine Baumgruppe, die als „Rousseaus Grab" bezeichnet wurde, Laudons Grab in Hadersdorf ist bis heute erhalten, das Mausoleum der Familie Fries in Vöslau wurde schon erwähnt, die Grabmäler am Gallitzinberg und Am Himmel/Wien-Sievering sind in der zeitgenössischen Literatur beschrieben, von der symbolischen Grabstätte der Maria-Christine in Kalksburg haben wir ebenfalls schon gesprochen.[79] Ruinen und Grabmäler wurden manchmal mit historischen Denkmälern ergänzt, und so kann der englische Garten — auch in Österreich — im umfassenden Sinn des Wortes als Gedenkstätte bezeichnet werden. Neu war in diesem Zusammenhang die Tatsache, daß manchmal noch lebende Persönlichkeiten oder kurz vorher verstorbene Helden in Denkmälern verehrt wurden. Das große Vorbild für solche Anlagen war der Temple of British Worthies, errichtet

Abb. 12: Die künstliche Ruine am Gallitzinberg, um 1780

[79] Vgl. Anm. 59.

Abb. 13: Das Laudon-Denkmal im Sinzendorfschen Garten in Ernstbrunn, um 1790

1734 in Stowe von Architekt William Kent,[80] wo durch die dargestellten Persönlichkeiten Geschichte als „Beispielsreihe" bis in die Gegenwart reichte. Der von Wilhelm Beyer propagierte „Nationalgarten"[81] hatte als Idee offenbar in einem Plan des Landschaftsgärtners Bernhard Petri Niederschlag gefunden: er überreichte 1791 Kaiser Leopold II. einen Entwurf zur Umgestaltung der Brigittenau

[80] F. SAXL / R. WITTKOWER, British Art and the Mediterranean, Oxford Repr. 1969, S. 68.
[81] BEYER (s. Anm. 55).

in einen Nationalgarten.[82] In drei Tempeln (des Sieges, des Friedens und des Vaterlandes) sollten die bedeutendsten Männer Österreichs verewigt werden. In anderen Gärten wurden tatsächlich Denkmale für historische Persönlichkeiten errichtet, wie etwa ab 1775 im Garten des Grafen Prosper Sinzendorf in Ernstbrunn: Neben dem Laudon-Obelisk (Abb. 13) existierte hier eine Kolossalstatue des Kaisers Franz II., eine Stele für Graf Saurau und ein Denkmal für Graf Sinzendorf selbst. Franz von Mack ließ sich eine Büste in seinem Garten von Kalksburg errichten und dem Grafen Paar wurde in Hütteldorf eine Pyramide gewidmet.[83] In diesen Denkmälern — deren Reihe sicherlich noch weiter ergänzt werden sollte — können wir das schrittweise erwachende historische Selbstbewußtsein im späten 18. Jahrhundert in Österreich belegen und damit vielleicht ein interessantes Anschauungsmaterial auch für Historiker liefern.

5. Freimaurerei und englischer Garten in Wechselbeziehung. Zum Schluß dieses Referates soll einer der neuesten Aspekte der Gartenforschung des 18. Jahrhunderts kurz erörtert werden. Die deutschen Forscher Buttlar[84] und Hartmann,[85] der Amerikaner Joseph Rykwert[86] und der Schwede Magnus Olausson[87] weisen auf konkrete Querbezüge zwischen Freimaurerei und Landschaftsgarten (bzw. Architektur) hin, die auch in Österreich einige Phänomene erhellen könnten. In England fällt die Entstehung der spekulativen Maurerei und die Anlage von neuen, antibarocken Gärten etwa in die gleiche Zeit. Die Gründung der Londoner Großloge 1717 und die ersten Gärten von Burlington, Pope und Addison um 1720 im neuen — eben „englischen" — Stil lassen auf eine parallele Geisteshaltung schließen. Der „natürliche" Garten als Freiheitssymbol gegen jede Form von Tyrannei und die von der Maurerei geforderte „gleiche Ebene" für alle gesellschaftlichen Schichten waren sehr verwandte Ideen. Adrian von Buttlar schreibt dazu: „In den sich seit 1717 in England, etwas später auch auf dem Kontinent, rasch ausbreitenden Logen bildete sich unter der Oberfläche scheinbarer Konformität eine Kontergesellschaft, in der vorweggenommen werden sollte,

[82] Gasselseder (s. Anm. 6), S. 66 f.

[83] Vgl. Anm. 59.

[84] Buttlar (s. Anm. 24), S. 108 ff., 133 ff.

[85] Hartmann (s. Anm. 3), S. 210 ff.

[86] J. Rykwert, The First Moderns. The Architects of the Eighteenth Century, Cambridge/Mass. - London 1980, S. 187 ff.

[87] M. Olausson, Freemasonry, Occultism and the Picturesque Garden towards the End of the Eighteenth Century, in: Art History, Vol 8, Nr. 4 (December 1985), S. 413—433.

woran die Opposition auf dem Felde der Realpolitik arbeitete, nämlich die ideale, tugendhafte und in sich vollendete liberale Gesellschaft."[88] Der englische Garten war von Anfang an ein liberaler Ort, wo Freiheit, verschiedene Stile nebeneinander in einer eigenartigen Mischung von Romantik und Aufklärung existieren konnten. Die sehr verbreiteten Tempelbauten dieser Gärten widerspiegeln das Interesse der Freimaurer am Tempel überhaupt, den sie „im metaphorischen Sinne, nämlich im ‚Kunstwerk' einer wahrhaft humanen Gesellschaft wieder errichten wollten . . ."[89]

Sowohl in England als auch in Deutschland haben wir zahlreiche Belege dafür, daß Freimaurer für Geheimtreffen den englischen Garten ausgesucht haben. Anläßlich des deutschen Freimaurertreffens 1784 residierte Wilhelm IX. von Hessen-Kassel in der Ruinenburg von Wilhelmsbad,[90] die nach Hartmanns Auffassung gemäß den freimaurerischen Prinzipien errichtet wurde. Der „Prüfungsweg" sollte in den drei Etagen des Turmes symbolisiert werden. Im Minervatempel des Gartens von Schwetzingen diente um 1770 das Kellergewölbe als Kultraum der Weisheit. Im unterirdischen Gewölbe des Pantheon von Wörlitz war gemäß freimaurerischem Denken der ägyptische Ursprung der Wissenschaften und Künste, auf dem die griechische Kultur aufbaut, dargestellt. Man könnte noch kurz das Belvedere von Charlottenburg in Berlin erwähnen, das seit 1781 eine Versammlungsstätte der Rosenkreuzer war; außerdem vielleicht noch den gotischen Turm in Machern und das Tempelherrenhaus in Weimar, wo ebenfalls rituelle Geheimtreffen belegbar sind. Zu diesem Problem gehört noch die Interpretation der Grotte im späten 18. Jahrhundert, die in manchen Fällen als Grotte des Frater Rosenkreuz aufgefaßt wurde.[91]

Für Österreich wurde schon auf mehrere Gartenmäzene hingewiesen, die erwiesenermaßen der Freimaurerei zugehörten: Herzog Albert von Sachsen-Teschen, Graf Cobenzl (sogar als Illuminat), Graf Fries, Fürst Esterházy, einige Mitglieder der Familie Harrach, Peter von Braun, Franz von Mack, Fürst Starhemberg und die Brüder Geymüller[92] sind Namen, mit denen bedeutende englische Gärten der Wiener Umgebung in Verbindung stehen. In Salzburg, im Schloßpark Aigen des Grafen Wolfegg, wissen wir von einer „Illuminatengrotte",[93] in Schönau bei Baden von einem „Tempel der Nacht"

---

88 Buttlar (s. Anm.24), S. 115.
89 Ebenda, S. 118.
90 Hartmann (s. Anm. 3), S. 210.
91 Ebenda, S. 366 ff.
92 Hinweise von Frau Eva Huber (s. Anm. 31).
93 Johannes Graf von Moy, Der Domherr Wolfegg und sein Tuskulum, in: Barock in Salzburg. Festschrift für Hans Sedlmayr, Salzburg - München 1977, S. 125 ff.

(Abb. 14), und auch in anderen Gärten begegnen uns viele freimaurerische Symbole. In den Wiener Gärten wurde wiederholt ein Grabdenkmal des Freimaurerpoeten Alxinger zur Verehrung aufgestellt.

Abb. 14: „Tempel der Nacht" in der Freimaurergrotte in Schönau bei Baden, 1796

Ganz zum Schluß sollte noch Hartmanns Deutung des Turmes in der Laxenburger Franzensburg erwähnt werden: Die drei Stockwerke lassen „deutlicher als in Wilhelmsbad einen Prüfungsweg nach den Riten der Freimaurer erkennen".[94] Das erste Geschoß wird als Kerker mit Gewölbeloch interpretiert. „Die Figur eines gefangenen Tempelritters läßt unverkennbar darauf schließen, daß der Turm der Prüfung von Mitgliedern des Geheimbundes zur Aufnahme in den Tempelorden, einem Hochgrad der Freimaurer diente. Über dem Verlies befindet sich hier eine Gerichtsstube, in die der Prüfling durch das Gewölbeloch hinaufgezogen wurde. Dort wurde offensichtlich über die Aufnahme in den Tempelorden entschieden. Erst dann war es dem

[94] HARTMANN (s. Anm. 3), S. 310ff.

neuen Mitglied möglich, den Rittersaal im dritten Geschoß zu betreten" (Abb. 15). Diese Hypothese soll nun zur Diskussion gestellt werden, umsomehr, da der kaiserliche Bereich für konkrete freimaurerische Riten nicht sehr überzeugend in Anspruch genommen werden kann.

Abb. 15: Der gefangene Templer im Franzensturm von Laxenburg, um 1800

Die Freimaurerei steht sicherlich nicht in einer direkten Beziehung zur Entstehung des englischen Gartens, dieser bildete jedoch einen geeigneten Rahmen für ihre Ideen.

Mit diesen fünf Problemkreisen sollte kursorisch angedeutet werden, wie kompliziert und vielschichtig der englische Garten — auch in Österreich — als Bedeutungsträger von Ideen und Programmen gedient hat. Er wurde in der Wiener Umgebung etwa um 1770 — also parallel mit der französischen und deutschen Entwicklung — etabliert; in dieser Kunstgattung können wir anhand der schriftlichen Quellen, alten Abbildungen und des spärlich erhaltenen Bestandes sprechende Zeugnisse einer Gedankenwelt finden, die uns im allgemeinen die josephinische Zeit zu verstehen hilft. Das neue Naturgefühl diente auch in der Wiener Umgebung als Vehikel für viele Dinge, die weit über die Gartenproblematik hinausreichen: Die Schätzung der nationalen Vergangenheit im Phänomen des „Gothic Revival“, der Beginn eines romantischen — daher modernen — Denkmalkultus, die Überlegungen über das Schöne und Nützliche, die Definitionsversuche über Öffentlichkeit und Freiheit usw. sind Phänomene, die zum Teil heute noch aktuell sind.

Bildnachweis

Bundesdenkmalamt Wien: 2, 5, 6, 7, 9, 13
Österreichische Nationalbibliothek, Bildarchiv: 15
Der Autor: 1, 3, 4, 8, 10, 11, 12, 14

Beamte, Staatsdienst und Universitätsreform

Zur Ausbildung der höheren Bürokratie in Österreich (1780—1848)*

Von

WALTRAUD HEINDL

Die Beamtenschaft ist eine sehr alte Einrichtung. Der aufgeklärte Absolutismus jedoch stellt für die Entwicklung der Bürokratie eine markante Zeit dar. In Österreich wurden unter Joseph II. jene Impulse gesetzt, die die Ausformung einer Fachbürokratie im modernen Sinn, wie sie beispielsweise von Max Weber gekennzeichnet wurde,[1] ermöglichten, und zwar in relativ kurzer Zeit. Der Prozeß der Bürokratisierung setzte selbstverständlich viel früher ein. Zwischen 1780 und

* Der folgende Artikel bringt einen Überblick über die Juristenausbildung in der Zeit zwischen 1780 und 1848. Detailfragen wurden ausgeklammert; ebenso die naturwissenschaftlich-technische Ausbildung der technischen Fachbeamten, die mit dem Fortschritt der technischen Errungenschaften und der Integration von technischen Einrichtungen in das staatliche System immer wichtiger wurde, sowie die Adelserziehung im Theresianum. Eine umfassendere Arbeit, die von mir geplant ist, soll auch die technisch und naturwissenschaftlich gebildeten Beamten berücksichtigen, deren Erziehung und Fachrichtung im absolutistischen System eher für unverdächtig gehalten wurden, die daher zunächst weniger Kontrollmaßnahmen unterstanden. Thema der Untersuchung sind nur die hohen Beamten — hauptsächlich der Wiener Zentralstellen, die einen ähnlichen Status einnahmen wie die heutigen Beamten des Typus A im Staatsdienst. Niedere und höhere Beamte wiesen in Lebenshaltung und Lebensstil so große Unterschiede auf, daß sie jeweils einer ganz anderen Schicht zugehörten.

[1] Max WEBER stellte folgende Merkmale einer modernen, „sachrationalen" Bürokratie fest: 1. Ein kontinuierlicher, an Regeln gebundener Amtsbetrieb, 2. eine feste Kompetenzabgrenzung, 3. eine festgefügte Amtshierarchie, deren Organisationsprinzip das Verhältnis von Befehl und Gehorsam ist, 4. der Beamte übt seinen Beruf hauptberuflich aus, eine strikt vorgezeichnete Laufbahn determiniert seine Aufstiegschancen, 5. die Aktenmäßigkeit der Verwaltung, 6. die Amtsverschwiegenheit, 7. eine monokratische statt einer kollegialen Struktur, 8. die Autorität haftet am Amt, nicht an der Person, 9. die Unterordnung des Beamten unter einen rigiden Disziplinierungs- und Kontrollmechanismus, 10. der Beamte wird von oben ernannt und nicht gewählt. Max WEBER, Wirtschaft und Gesellschaft. Grundriß der verstehenden Soziologie. Mit einem Anhang: Die rationalen und soziologischen Grundlagen der Musik, hg. von Johannes WINCKELMANN, 2 Teilbände, Tübingen [4]1956, S. 124ff., auch S. 559ff.

ca. 1820 wurde jedoch — schriftlich — durch eine Flut von Gesetzen, Verordnungen, Erlässen und Allerhöchsten Entschließungen im großen und ganzen das fixiert, was wir ein bürokratisches System nennen, das damals als ziemlich gleichbedeutend mit moderner Staatlichkeit galt. Gleichzeitig wurden in dieser Zeit zahlreiche Versuche durchgeführt, ein striktes Ausbildungssystem für die Beamten festzulegen, das sie befähigen sollte, Repräsentanten des Systems, Vertreter der Obrigkeit, aber auch Träger von Reformen zu sein.

Die Ausbildung der Bürokratie als Institution stand in wesentlichem Zusammenhang mit der Ausbildung, der Erziehung, die die Bürokraten zu durchlaufen hatten, und diese beeinflußte wiederum die Entwicklung der Bürokratie als soziale Gruppe. Diese beiden Prozesse liefen parallel oder verzahnten sich, sie sind jedenfalls nicht voneinander zu trennen.

Die Reformen des Staatsdienstes und die Reformen des Bildungssystems gingen Hand in Hand. Im Interesse des Staatsdienstes wurde der Juristenausbildung ein besonderes Augenmerk gewidmet, das sogenannte Juristenmonopol im Staatsdienst hatte in dieser Zeit seine Wurzeln.

Die institutionelle Entwicklung der Bürokratie war, wie gesagt, ca. um 1820 abgeschlossen.[2] Zumindest in der Theorie und auf dem Papier entsprach sie weitgehend unserer heutigen modernen Fachbürokratie.

Nicht, daß sie einen unanfechtbaren Berufsstand repräsentiert hätte. Trauen wir den Erlässen und Vorschriften aus dieser Zeit, so waren die Beamten korrupt, bestechlich, sie machten Schulden, wurden straffällig und schikanierten die Untertanen. Doch das System der „Privilegierung“ und „Disziplinierung“, in das sie einge-

---

[2] Zum folgenden vgl. Waltraud Heindl, Gehorsam und Herrschaft. Zur Entwicklung des Beamtendienstrechts (1780—1815). In: 16. Österreichischer Historikertag Krems/Donau 1984. Bericht über den sechzehnten österreichischen Historikertag in Krems/Donau 1984 (Veröffentlichungen des Verbandes Österreichischer Geschichtsvereine 25), Wien 1985, S. 328—341. Hier weitere Quellen- und Literaturangaben; vgl. auch Werner Ogris, Der Beamte in der Habsburgermonarchie. In: Die Verwaltung. Zeitschrift für Verwaltungswissenschaft 18/2, 1985, S. 203—216. Für die spätere Zeit relevant, überblicksweise aber auch für die frühere Zeit Karl Megner, Beamte. Wirtschafts- und sozialhistorische Aspekte des k. k. Beamtentums (Studien zur Geschichte der österreichisch-ungarischen Monarchie XXI), Wien 1985, S. 19—41. Zu den Wiener Beamten der franziszeischen Zeit in Josef Karl Mayr, Wien im Zeitalter Napoleons. Staatsfinanzen, Lebensverhältnisse, Beamte und Militär (Abhandlungen für Geschichte und Quellenkunde der Stadt Wien VI), Wien 1940, S. 174—222; auch Andreas Wild, Die Wiener Magistratsräte 1783-1848. In: Studien zur Wiener Geschichte. Jahrbuch des Vereins für Geschichte der Stadt Wien 38, 1982, S. 40—70.

bettet waren, war nahezu vollendet. Es bildete für die damaligen arbeitsrechtlichen Verhältnisse ein seltenes Netzwerk von Vorteilen, wie geregelte Gehälter, Pensionen, auch für Witwen und Waisen, fast den Status der Unkündbarkeit, einen sicheren Karriereablauf mit Beförderungssystem und Möglichkeiten, Orden und Auszeichnungen zu bekommen, einerseits. Andererseits wurden „rigide Disziplinierungs- und Kontrollmechanismen“ geschaffen wie Überwachung durch Conduitelisten und Spitzelwesen, Pflichten: etwa die zur Amtsverschwiegenheit, Residenzpflicht, Ehekonsense für Eheschließungen und strenge Strafsanktionen für Vergehen, die bis zur Entlassung reichten. Einen besonderen Stellenwert erhielt die Gehorsamspflicht. Dieses System der „Privilegierung und Disziplinierung“ war auf das Ziel ausgerichtet, einerseits die Beamten zu befähigen, staatliche Herrschaft auszuüben, andererseits sie selbst als brave Untertanen für ihr ganzes Leben und sogar über den Tod hinaus dem Staat zu verpflichten. Ein sehr allgemeines, gleichbleibendes Merkmal der Funktion der Bürokratie jeglicher Staatsgewalt!

Staatsdienst und Universitätsreform

Die spezielle Funktion, die der Beamtenschaft im aufgeklärten österreichischen Absolutismus zugedacht war, läßt sich auf einen Nenner gebracht mit dem einfachen Schlagwort umreißen: „Ausbildung der modernen Staatlichkeit“,[3] das allerdings sehr komplexe Aufgaben umfaßte. Die Agenden des modernen josephinischen Wohlfahrtsstaates waren vielfältig, die Modernisierung setzte das Wissen um das entsprechende Know-how voraus, das nur planmäßig an den hohen Bildungsinstitutionen, den Universitäten, in jener Weise erworben werden konnte, wie es den Reformern vorschwebte. Die hohen Schulen mußten daher auf die Bedürfnisse des Staatsdienstes und der Beamtenausbildung zugeschnitten werden.

Die enge Verknüpfung der Entwicklung des Staatsdienstes und der Reformierung der Universitäten war damit unvermeidlich — im übrigen ein gesamteuropäisches Phänomen der Aufklärung. Der spezifische wechselseitige Beeinflussungsprozeß, der das österreichische Universitätssystem prägte, und die Bildungsreformen, die im Interesse des Staatsdienstes gesetzt wurden, wurden anderwärts bereits

[3] Über die Bedeutung der Beamten für Joseph II. Ernst WANGERMANN, Von Joseph II. zu den Jakobinerprozessen (Geist und Gesellschaft. Texte zum Studium der sozialen Entwicklung), Wien - Frankfurt - Zürich 1966, S. 14f.

ausführlich beschrieben.[4] Diese tiefgehenden Analysen geben Erklärungen sozialer, ökonomischer und kultureller Natur, warum gerade die österreichischen Universitäten — anders als die norddeutsch-protestantischen — zu „Staatsanstalten" im wahrsten Sinne des Wortes wurden.

Ein Gutachten Gottfried van Swietens über die eventuelle Einführung des Modells der Göttinger Universität spiegelt deutlich die zeitgenössische Diskussion, die Unterschiede in der strukturellen Gestalt des österreichischen Staates, in der österreichischen Auffassung von Staat und Bildung wider, die zugunsten der Entscheidung für die „Staatsanstalt" ins Treffen geführt wurden: „Die Göttinger Universität ist ohne alle Beziehung auf die Nationalbildung: Universität nur dem Namen nach, eigentlich aber eine lehrende Akademie der Wissenschaften, welche alle Zweige von Kenntnissen versammelt, um Ausländern einen Reiz anzubieten ... Außer der Allgemeinheit haben die Studien unter sich keine Verbindung, keinen vorgeschriebenen, eine beständige Leitung oder besondere Absicht fördernden Plan, ... weil Ausländer sich dem Plan einer fremden Regierung zu unterwerfen, nicht geneigt sind .. Die ganze Verfassung ist sowohl von seiten der Lehrer Finanzspekulation als von seiten der Regierung, welche die Gelehrten von größtem Rufe durch die vorteilhaftesten Bedingnisse an sich zu ziehen sucht, weil sie durch solche Männer den Zulauf des Ausländers zu vergrößern hofft, um dessen Verzehrung, nicht um dessen Verwendung es ihr zu tun ist.

Die Studienverfassung in den Staaten Eurer Majestät hingegen hängt mit der allgemeinen Nationalerziehung genau zusammen, machet einen der wichtigsten, der wesentlichsten Teile derselben aus, soll dem Staate Bürger, die von ihren Pflichten unterrichtet, überzeugt, und sie aus Überzeugung stets zu erfüllen bereit, soll ihm Beamte, die in verschiedensten Zweigen der öffentlichen Verwaltung brauchbar, soll Männer für die Ratsstube, für das Kabinett bilden, die mit vaterländischen, zum ganzen Plan der Staatsverfassung ein-

---

[4] Grete KLINGENSTEIN, Despotismus und Wissenschaft. Zur Kritik norddeutscher Aufklärer an der österreichischen Universität 1750—1790. In: Formen der europäischen Aufklärung (Wiener Beiträge zur Geschichte der Neuzeit 3, hg. von Friedrich ENGEL-JANOSI, Grete KLINGENSTEIN, Heinrich LUTZ), Wien 1976, S. 126—157, im besonderen über die Staatsbezogenheit der Studien S. 140—144 u. S. 152—155; dies., Akademikerüberschuß als soziales Problem im aufgeklärten Absolutismus. In: Bildung, Politik und Gesellschaft. Studien zur Geschichte des europäischen Bildungswesens vom 16. bis zum 20. Jahrhundert (Wiener Beiträge zur Geschichte der Neuzeit 5, hg. von Grete KLINGENSTEIN, Heinrich LUTZ und Gerald STOURZH), Wien 1978, besonders S. 167f. u. S 190—200; Ernst WANGERMANN, Aufklärung und staatsbürgerliche Erziehung. Gottfried van Swieten als Reformator des österreichischen Unterrichtswesens 1781—1791 (Österreich Archiv), Wien 1978, besonders S. 68—114.

stimmenden Grundsätzen und Gesinnungen genährt sind. Bei einem solchen Endzwecke kann welch immer eine fremde Verfassung für die Nationalstudien nicht zum Vorbild genommen, kann die wissenschaftliche Erziehung nicht ohne bestimmten Plan und dieser nicht ohne unabgewendete Wachsamkeit geleitet, kann die Wahl und Ordnung der Kenntnisse nicht der Jugend selbst, nicht einmal der Einsicht der Älteren überlassen werden, denn, sagt ein Schriftsteller, der über die Philosophie der alten Politik tief nachgedacht hat, die Bürger eines wohlbestellten Gemeinwesens müssen nicht als Kinder der Privatleute, sondern nach dem Geleite der öffentlichen Weisheit erzogen werden."[5] — Die gesellschaftspolitische Funktion der Universität war damit klargestellt. Die Beamtenbildung war in den Mittelpunkt der Universitätslehre gerückt.

Solange der Prozeß im Staat ein dynamischer war, solange er auf Wandel und Veränderung ausgerichtet war, solange war auch die Universität dynamisch. Als das staatliche System nach den napoleonischen Kriegen stagnierte, stagnierten auch die Bildungseinrichtungen.

Für die Ausbildung der Beamten kam in erster Linie das Jusstudium in Frage. Die Übernahme der Verwaltung durch — zumeist bürgerliche — doctores der Jurisprudenz hatte seit dem 16. und 17. Jahrhundert in Österreich und in den deutschen Territorialstaaten Tradition.[6]

Die Bildungseuphorie der Aufklärer, verbunden mit ihrem Modernisierungswillen, erst setzte es jedoch durch, daß ein planmäßiges juristisches Studium zur Aufnahmebedingung für den Staatsdienst wurde. Allerdings vollzog sich der Durchsetzungsprozeß langsam. Es gab im ganzen sechs diesbezügliche Verordnungen. Die erste von 1766 sprach für die Aufnahme in alle Zweige der Verwaltung (politische, Cameral-, Finanz- und kommerziale) deutlich eine Bevorzugung jener Bewerber aus, „die in Natur-, Völker- und allgemeines Staatsrecht, Polizei- und Kameral- und Merkantilwissenschaften Zeugnisse erworben" hatten.[7] 1774 wurde das juridische Doktorat vor allem für die höheren Richter zwingend vorgeschrieben.[8] Ansonsten richtete

---

[5] Zitiert bei Rudolf KINK, Geschichte der kaiserlichen Universität zu Wien 1, Wien 1854, S. 553f., Anm. 732; zu dem Zitat van Swietens auch KLINGENSTEIN, Despotismus und Wissenschaft, S. 142.

[6] Dazu Hans HATTENAUER, Geschichte des Beamtentums (Handbuch des öffentlichen Dienstes 1), Köln - Berlin - Bonn - München 1980, S. 103ff.

[7] Hofdekret vom 5. 7. 1766. In: [KROPATSCHEK], SAMMLUNG ALLER K. K. VERORDNUNGEN UND GESETZE vom Jahre 1740 bis 1780, die unter der Regierung Kaiser Joseph II. theils noch ganz bestehend, theils zum Theile abgeändert sind 5 (1784) Nr. 838, S. 71; vgl. dazu auch KINK, Universität zu Wien 1, S. 468, Anm. 607; zit. auch bei KLINGENSTEIN, Despotismus und Wissenschaft, S. 154.

[8] KINK, Universität Wien 1, S. 551.

man sich nach dem Bedarf des Staates: für das Amt eines Notars, Solizitators, Grundbuchführers, Pflegers, Markt- und Stadtschreibers benötigte man ein zweijähriges Studium, für den Expeditions-, Konzepts-, Protokolls-, Archivdienst sowie für die Zeugenvernahme bei der Justiz ein dreijähriges, für das Amt eines Advokaten, Landesgerichtsverwalters, Feldauditors, Stadtsyndikus', Hofrichters, kaiserlichen Rats, Sekretärs im Justizfach und Universitätsprofessors (!) ein damals fünfjähriges juristisches Vollstudium.[9] Dieser abgestufte Studiengang dauerte bis zur Reform von 1810. Als in der josephinischen Zeit die Universitäten Graz, Innsbruck, Olmütz in Lyzeen umgewandelt wurden, konnte hier in Hinkunft nur mehr das niedere juridische Studium abgelegt, an den Universitäten Wien, Prag, Löwen, Freiburg, Pest, Pavia, Lemberg hingegen das Vollstudium der Jurisprudenz absolviert werden.[10] Die zitierten Verordnungen dürften jedoch nicht ganz ernst genommen worden sein. Joseph II. mußte sie im Jahr 1787 wiederholen, desgleichen Leopold II. 1791 und Franz II. im Jahre 1800.[11] Joseph drängte besonders auf eine solide universitäre Grundausbildung für Beamte. Er erlaubte, ja forderte seine Beamten geradezu auf, ihre Studien neben dem Dienst aufzunehmen.[12] Doch erst ab 1800 setzte sich der Gebrauch durch, für das Konzeptfach (Referate des heutigen A-Beamten) nur juristisch geschulte Beamte aufzu-

---

[9] Siehe Anm. 7.

[10] Siehe auch Christoph THIENEN-ADLERFLYCHT, Wandlungen des österreichischen Studiensystems im Übergang vom 18. zum 19. Jahrhundert. In: Student und Hochschule im 19. Jahrhundert. Studien und Materialien (Studien zum Wandel von Gesellschaft und Bildung im Neunzehnten Jahrhundert 12), Göttingen 1975, S. 45.

[11] Hofdekret vom 28. 3. 1787. In [KROPATSCHEK] HANDBUCH ALLER UNTER DER REGIERUNG DES KAISERS JOSEPH II. für die k. k. Erbländer ergangenen Verordnungen und Gesetze in einer systematischen Verbindung 14 (1787) 1090; Hofdekret vom 21. 1. 1791. In: SAMMLUNG DER GESETZE, welche unter der glorreichsten Regierung des Kaisers Leopold II. in den sämmentlichen k. k. Erblanden erschienen sind in einer chronologischen Verbindung 3 (1791) Nr. 452; Hofdekret vom 15. 4. 1800. In: [KROPATSCHEK], SR. K. K. MAJESTÄT FRANZ DES ZWEITEN POLITISCHE GESETZE UND VERORDNUNGEN für die Oesterreichischen, Böhmischen und Galizischen Erbländer. Auf Ah. Befehl und unter Aufsicht der höchsten Hofstellen herausgegeben 15 (1800), Nr. 16, S. 55f. Vgl. auch Waltraud HEINDL, Die österreichische Bürokratie. Zwischen deutscher Vorherrschaft und österreichischer Staatsidee (Vormärz und Neoabsolutismus). In: Österreich und die deutsche Frage. Probleme der politisch-staatlichen und soziokulturellen Differenzierung im deutschen Mitteleuropa (Wiener Beiträge zur Geschichte der Neuzeit 9, hg. von Heinrich LUTZ und Helmut RUMPLER, Redaktion: Gernot HEISS), Wien 1982, S. 76f.; auch dies., Beamtentum, Elitenbildung und Wissenschaftspolitik im Vormärz. In: Vormärz. Wendepunkt und Herausforderung. Beiträge zur Literaturwissenschaft und Kulturpolitik in Österreich, hg. von Hanna SCHNEDL-BUBENIČEK (Veröffentlichungen des Ludwig-Boltzmann-Institutes für Geschichte der Gesellschaftswissenschaften 10, hg. von Erika WEINZIERL und Wolfgang HUBER), Wien - Salzburg 1983, S. 49f.

[12] Hofdekret vom 11. 6. 1787; HANDBUCH DER GESETZE JOSEPHS II. 13 (1787), S. 531.

nehmen. Die Zahl der Studenten der Jurisprudenz sollte dementsprechend ansteigen. Die Höchstzahl wurde an der Universität Wien im josephinischen Jahrzehnt 1787/88 erreicht mit 157 Studenten, im Jahr 1821/22 betrug die Studentenzahl bereits 636.[13]

So hatte sich langsam die schulische Laufbahn eines Beamten herausgebildet, die bis 1848 folgendermaßen verlief: Nach der vierklassigen Volksschule folgte das sechsklassige Gymnasium, dann das zwei-, zeitweise dreijährige philosophische Propädeutikum und anschließend das drei- bzw. vierjährige juridische Studium.

Der praktische und ideologische Unterricht

Ziel der Bemühungen seit der maria-theresianischen Zeit war es, einen in den positiven Gesetzen, besonders aber im Naturrecht geschulten Beamtenstand heranzubilden, der die Aufklärung im Volk verbreiten sollte und befähigt war, die entsprechenden Reformen durchzuführen. In den Kreishauptstädten waren bereits seit den sechziger Jahren Vorträge in Martinis Naturrecht und in den politischen Wissenschaften von Sonnenfels gehalten worden.[14]

Diesen Forderungen wurden die Studienordnungen angepaßt, und zwar in einer fast fieberhaften Art und Weise. Zwischen den Jahren 1774 und 1810, also innerhalb von 36 Jahren, gab es fünf Reformen des juridischen Studiums, zwischen 1774 und 1824 gab es vier Reformen des philosophischen Studiums. Die Reformversuche von 1788/89 gehen auf Gottfried van Swieten zurück; 1790/91 wurde Karl Anton von Martini von Leopold II. berufen, Neuerungen durchzuführen, für die Reform von 1804 zeichneten Heinrich Rottenhahn und Melchior Birkenstock verantwortlich, jene von 1810 schließlich war das Werk Anton von Zeillers.[15] Dies zeigt die Experimentierfreudigkeit, aber auch die Unsicherheit. Sicher war man allerdings in der grundsätzlichen Tendenz, die schon vor der Reform von 1774 ent-

---

[13] Gezählt nach den KASSE-JOURNALEN (bzw. auch Kassa-Buch genannt) im Universitätsarchiv Wien.

[14] Ignaz BEIDTEL, Geschichte der österreichischen Staatsverwaltung 1740—1848. Mit einer Biographie desselben von Alfons HUBER 1: 1740—1792, Innsbruck 1896, S. 109.

[15] Eine Übersicht bei Richard MEISTER, Entwicklung und Reform des österreichischen Studienwesens, Teil 1: Abhandlungen (Sitzungsberichte der Österreichischen Akademie der Wissenschaften, philosophisch-historische Klasse 239/1), Wien 1962, S. 20—39; Gerson WOLF, Das Unterrichtswesen in Österreich unter Joseph II., Wien 1880; an neuerer Literatur WANGERMANN, Aufklärung und staatsbürgerliche Erziehung (siehe Anm. 4); THIENEN-ADLERFLYCHT, Wandlungen des österreichischen Studiensystems (siehe Anm. 10).

schieden worden war, daß die praxisbezogene Variante des juridischen Studiums beizubehalten sei. Dies bedeutete, daß die positiven österreichischen Rechtsfächer entscheidend vermehrt wurden. Selbstverständlich wurde die Ausdehnung der Lehre der österreichischen Gesetzesfächer auch von dem Faktum beeinflußt, daß die österreichischen Rechtskodifikationen, an denen so lange gearbeitet worden war, endlich abgeschlossen waren.[16] Während im Studienjahr 1788/89 in den vier Jahrgängen sechs positive Rechtsfächer gelehrt wurden, davon zwei, die explizit österreichisches Recht betrafen (Strafrecht im 1. Jahrgang, „die österreichischen Rechte" im 2. Jahrgang), wurden im Jahr 1811 unter neun Rechtsfächern sechs positive österreichische Rechtsfächer bzw. sieben (nimmt man den „Geschäftsstil" dazu) gelehrt, nämlich: Strafrecht im 1. Jahrgang, Kirchenrecht im 2. Jahrgang, österreichisches bürgerliches Recht sowie Handels- und Wechselrecht im 3. Jahrgang, gerichtliches Verfahren in Streitsachen, politische Gesetzeskunde und den „Geschäftsstil" im 4. Jahrgang.[17]

Es scheint, daß der Unterricht dabei nicht nur darauf ausgerichtet war, die angehenden Beamten als selbstverständliches Know-how die entsprechende Gesetzesmaterie zu lehren, sondern auch den geradezu fanatischen Glauben der Aufklärer an die alles regelnde Kraft von Gesetz und Norm und das Vertrauen in das bürokratische System zu vermitteln. Signifikant für den Stellenwert, den das bürokratische System für die Reformer einnahm, ist die Einführung eines neuen Fachs, des „Geschäftsstils" (1781). Das entsprechende Lehrbuch wurde von Joseph von Sonnenfels 1784 verfaßt und erlebte 1820 bereits die 4. Auflage.[18] Den heutigen Leser versetzt es in Erstaunen, was hier 22jährigen Studenten knapp vor ihrem Studienabschluß beigebracht wurde. Sie lernten hier nicht nur das richtige Abfassen von Geschäftsstücken und die Einrichtung von Registraturen, sondern über lange Passagen hinweg erhielten sie grundlegenden Grammatikunterricht in deutscher Sprache. Wir erfahren, daß „ohne" beispielsweise mit dem Akkusativ und nicht — wie Sonnenfels bedauerte, in Österreich so oft üblich — mit dem Dativ zu

---

[16] Hans LENTZE, Die Universitätsreform des Ministers Graf Leo Thun-Hohenstein (Sitzungsberichte der Österreichischen Akademie der Wissenschaften, philosophisch-historische Klasse 239/2), Wien 1962, S. 61.

[17] Der Vergleich nach dem WIENER UNIVERSITÄTS-ALMANACH für das Jahr 1787. Den Mitgliedern der löblichen vier Fakultäten gewidmet von Anton Phillebois, Universitäts-Pedellen-Amtsschreiber, Wien o. J., und TASCHENBUCH DER WIENER UNIVERSITÄT für das Jahr 1810, Wien, o. J.

[18] Joseph von SONNENFELS, Über den Geschäftsstyl. Die ersten Grundlinien für angehende österreichische Kanzleybeamte zum Gebrauche der öffentlichen Vorlesungen, Wien 1784.

verwenden sei, daß „Teller“ männlichen und nicht sächlichen Geschlechts[19] ist usw.

Abgesehen von Sonnenfels' bekannten Ambitionen, die Sprache zu verbessern,[20] war es wahrscheinlich tatsächlich notwendig, die angehenden Beamten Deutsch zu lehren. Denn Deutsch war weder im Gymnasium noch im philosophischen Propädeutikum Unterrichtsfach. Die Schüler erlernten Deutsch höchstens im Lateinunterricht durch das Übertragungsprinzip.[21] Wahrscheinlich wendete sich das Fach Geschäftsstil auch an die Adresse der bereits praktizierenden Beamten. Warum wäre die Vorlesung sonst täglich von Montag bis Samstag von 7—8 Uhr früh „unentgeltlich“ angekündigt worden?[22] Man wußte, daß Sprachstil und die Ausbildung technisch-bürokratischer Formen in engem Zusammenhang standen und schließlich das erzeugten, was das Wesen der modernen Bürokratie, die „Aktenmäßigkeit“ der Verwaltung ausmachte! Zweifelsohne machte der Prozeß der Bürokratisierung gerade in jenen Jahren große Fortschritte. Einen gewissen Kontrapunkt zu der Tendenz, nur praktisch anwendbares Wissen den Studenten nahezubringen, bildeten die „Politischen Wissenschaften“, gelesen von Sonnenfels nach seinem Lehrbuch „Grundsätze der Polizey, Handlung und Finanz“,[23] das Theorie nach einem methodisch naturrechtlichen Ansatz vermittelte. Interessant an diesem Fach ist, daß es die Volkswirtschaft in die Juristenbildung einbaute — gemeinsam mit der Statistik, die volkswirtschaftlich, aber auch volkskundlich ausgerichtet war. Die nationalökonomische Ausrichtung ist ein Spezifikum der österreichischen Juristenausbildung bis heute.[24] Fast wären auch die „Politischen Wissenschaften“ der Tendenz, nur Nützliches, in der Praxis Anwendbares zu unterrichten, zum Opfer gefallen, obwohl sie erst 1784 von der philosophischen an die juridische Fakultät gekommen waren. Als nämlich Joseph von Kropatschek den Plan vorlegte, Vorlesungen über politische Gesetzeskunde zu halten, gab Joseph II., dem die „Politischen Wissen-

---

[19] Ebenda S. 15.

[20] Dazu und in diesem Zusammenhang zum „Geschäftsstil“ siehe Karl-Heinz OSTERLOH, Joseph v. Sonnenfels und die österreichische Reformbewegung im Zeitalter des aufgeklärten Absolutismus (Historische Studien 409), Lübeck und Hamburg 1970, S. 236ff.

[21] Georg JÄGER, Zur literarischen Gymnasialbildung in Österreich von der Aufklärung bis zum Vormärz. In: Die österreichische Literatur. Ihr Profil an der Wende vom 18. zum 19. Jahrhundert (1750—1830). Eine Dokumentation ihrer literarischen Entwicklung, hg. von Herbert ZEMAN 1, Graz 1979, im besonderen S. 100f.

[22] Siehe die Reihe der WIENER UNIVERSITÄTS-ALMANACHE bzw. TASCHENBÜCHER DER WIENER UNIVERSITÄT.

[23] Erstmals erschienen Wien 1765—1767, 1769 zum Vorlesungsbuch bestimmt; LENTZE, Universitätsreform, S. 54.

[24] Ebenda S. 54f.

schaften" zu theoretisch vorkamen,[25] der Gesetzeskunde den eindeutigen Vorzug. Sonnenfels gelang es jedoch, sein Lieblingskind zu retten, indem er die politischen Wissenschaften mit „der praktischen Geschäftskenntnis" verband.[26]

Viel unsicherer noch war man in der Behandlung der nicht unbedingt auf Nützlichkeit ausgerichteten „ideologischen" Fächer, die man in dieser Zeit der Experimente immer auf Kosten des einen oder anderen entweder reduzierte, ganz ausklammerte, ausweitete bzw. wieder einführte. Das waren die historischen Fächer: Kirchengeschichte, die deutsche Reichsgeschichte, das deutsche Staatsrecht, die Geschichte des römischen Rechts. Auch das römische Recht und das öffentliche und Privatkirchenrecht gehörten gewissermaßen dazu.[27] Eine geradezu symptomatische Einschätzung und dementsprechende Stellung im Studienplan erfuhr die Geschichte. Erstmalig tauchte im Studienplan von 1788/89 neben den traditionellen deutschen historischen Fächern, die seit langem gelehrt wurden, die Geschichte der österreichischen Monarchie im Vorlesungsverzeichnis auf, von Gottfried van Swieten, wie wir von Ernst Wangermann wissen, initiiert und von ihm „als eine unversiegliche Quelle der Erfahrung" gefeiert, wichtig für jeden, „der seine Geistesfähigkeit für das gemeinsame Wesen zu verwenden hat".[28] Selbst den aufgeklärten österreichischen Gesetzesfanatikern war klar, daß die Aneignung von trockener Gesetzesmaterie nicht ausreichte, um Beamte zu einer beseelten Pflichterfüllung, wie sie Joseph II. vorschwebte, zu bewegen. Ich erinnere an den berühmten „Hirtenbrief", in dem der Kaiser von jedem seiner Beamten „eine warme Seele für des Staates Bestes und eine vollkommene Entsagung seiner selbst und aller Gemächlichkeiten" forderte.[29] Die Erziehung zur Heimat-, zur Vaterlandsliebe war bekanntlich ein wichtiger Bestandteil der aufklärerischen politischen Ideologie. Der moderne Staat erforderte geradezu den „Staatsgedanken", den Staatspatriotismus, für den sich sowohl Joseph von Sonnenfels als auch Gottfried van Swieten — ein jeder auf seine Art — einsetzte. Über die Wege, staatsbürgerliche Gesinnung zu erzeugen, herrschten nämlich

---

[25] Osterloh, Sonnenfels, S 249.

[26] Siehe Universitäts-Almanach 1788/89 (juridische Vorlesungen).

[27] Der Vergleich nach den Wiener Universitäts-Almanachen bzw. Taschenbüchern der Universität Wien 1787 bis 1810.

[28] Nach Wangermann, Aufklärung und staatsbürgerliche Erziehung, S. 76.

[29] Diese „Grundsätze für jeden Diener des Staates" vom 13. Dezember 1783 publiziert in: Friedrich Walter, Die österreichische Zentralverwaltung, II. Abteilung: Von der Vereinigung der österreichischen Hofkanzlei bis zur Einrichtung der Ministerialverfassung (1749—1848), 4. Band: Die Zeit Josephs II. und Leopold II. (1780—1792), Aktenstücke (Veröffentlichungen der Kommission für neuere Geschichte Österreichs 36), Wien 1950, Nr. 94, S. 132.

zwischen Sonnenfels' und van Swietens Auffassungen gravierende Unterschiede. Sonnenfels sah u. a. in einem „einheitlichen politischen Kodex" den richtigen Weg, van Swieten in der Erziehung durch die vaterländische Geschichte.[30] Beide stießen letzten Endes auf wenig Verständnis, besonders jedoch van Swietens Liebe zur Historie. Seine „Geschichte der Monarchie" wurde bereits in Martinis Studienreform wieder abgeschafft. Im Studienplan von 1804 sollte auch die Vorlesung „Grundriß und schriftliche Nachrichten von Österreich" (gelesen vom Sonnenfelsschüler Ignaz de Luca), eine Art Staatslehre, „Statistik" genannt, die eben auch „Vaterlandskunde", aber eher von einem volkskundlichen Standpunkt aus lehrte, eliminiert werden.[31] So lebte die vaterländische Geschichte als Lehrfach für angehende Juristen außer im Gymnasium nur noch im philosophischen Propädeutikum (in dem es auch nach der Reform von 1805 beibehalten worden war) weiter fort.

Die allgemeine „Enthistorisierung" des Studienplans schritt weiter fort. Nach 1806, nach der Auflösung des Heiligen Römischen Reiches, verschwanden auch die deutsche Reichsgeschichte und das deutsche Staatsrecht (das immer als deutsche Rechtsgeschichte verstanden worden war) aus dem juridischen Studienplan. Nun, da Wien nicht mehr Sitz der Reichshofstellen war, mochte es nutzlos erscheinen, angehende österreichische Beamte mit „den deutschen historischen Fächern" zu konfrontieren, die sie in der Praxis nicht verwenden, sie in den Mußestunden jedoch eventuell auf den für Kaiser und Regierung recht verdächtigen Gedanken der Frage der deutschen Einheit bringen konnten.[32] Jeder Nationalismus, auch der deutsche, war für den multinationalen Habsburgerstaat in der Zeit der nationalen Erhebungen und Befreiungskriege gefährlich und daher verpönt. So präsentiert sich uns der juridische Studienplan von 1810 allein praxisbezogen, gänzlich geschichtslos (1824 fielen noch die historischen Fächer im philosophischen Propädeutikum) und — mit Ausnahme des Naturrechts nach Zeiller und Martini — bar aller theoreti-

---

[30] Zu Sonnenfels Ernst WANGERMANN, Joseph von Sonnenfels und die Vaterlandsliebe der Aufklärung. In: Das achtzehnte Jahrhundert und Österreich. Jahrbuch der Österreichischen Gesellschaft zur Erforschung des achtzehnten Jahrhunderts 2, 1985, S. 41f.; Péter HANÁK, Österreichischer Staatspatriotismus im Zeitalter des aufsteigenden Nationalismus. In: Wien und Europa zwischen den Revolutionen 1789—1848, 15. Wiener Europagespräch (Wiener Schriften 39, hg. vom Kulturamt der Stadt Wien), Wien - München 1978, S. 316f.: zu Gottfried van Swietens Vaterlandsliebe WANGERMANN, Aufklärung und staatsbürgerliche Erziehung, S 76—80.

[31] TASCHENBUCH DER WIENER UNIVERSITÄT 1805 (juridische Vorlesungen).

[32] Waltraud HEINDL, Die österreichische Bürokratie, 81f.; auch dies., Beamtentum, Elitenbildung und Wissenschaftspolitik, S. 50ff.

scher Fächer in einer solch auffälligen Ideologiefreiheit, daß wir diese als eigentliche Ideologie bezeichnen können.

Hand in Hand damit gingen Beamtenideologie und Beamtenethik. Es war nur folgerichtig, daß gleichzeitig anstatt der Bindung der Beamten an die abstrakte Theorie Staat, wie es unter Joseph II. praktiziert wurde, viel mehr die Bindung an die habsburgische Dynastie betont, vom Staats- zum Fürstendiener „zurückgeschritten" wurde.[33] So war es auch nur folgerichtig, daß jetzt erst das Weisungsrecht des Vorgesetzten und die Gehorsamspflicht des Untergebenen voll entwickelt wurden. Ein kurzer Vergleich soll das verdeutlichen: Interessanterweise ist in dem berühmten Hirtenbrief Josephs II. von 1783, in dem mit den Beamten ansonsten recht streng ins Gericht gegangen und von ihnen die vollkommene Selbstaufopferung gefordert wurde, von Gehorsam innerhalb der Hierarchie eigentlich kaum die Rede.[34] Als Ideal wird der rastlos tätige, verantwortungsvolle, innovative, ja kreative Staatsdiener gefordert, der dem bonum commune zu dienen hatte. Tatsächlich voll ausgebildet tritt uns das Prinzip von Befehl und Gehorsam jedoch in den „Vorschriften über die allgemeinen Pflichten und besonderen Obliegenheiten der Stellen und Beamten und über die wechselseitigen Befugnisse und Verbindlichkeiten der Oberen und Untergebenen" von 1806[35] (also kaum ein Viertel Jahrhundert später) entgegen. Im § 1 bereits wird „Subordination, Ehrerbietigkeit" als das erste wesentlichste und unentbehrlichste Band einer jeden „Gremial-Verfassung und Amtsgenossenschaft" bezeichnet. Blinder Gehorsam (Nikolaus Thadäus Gönner, der Theoretiker der bayrischen Dienstpragmatik von 1805, spricht auch von „Gloriam obsequii", die dem Beamten „vergönnt" sei)[36] wird zur Leitformel jeder Beamtenethik, in der eine persönliche Verantwortung des Beamten oder auch nur Gewissenskonflikte keinen Platz hatten. „Mit dem Vorwande, daß man der Wahrheit nie untreu werden und sein Gewissen retten müsse, läßt sich dieses bei Beamten doppelt pflichtwidrige und mit den nachteiligsten Folgen für den Staat verbundene Benehmen [gemeint ist die verantwortungsbewußte kritische Meinungsbildung] keineswegs rechtfertigen." Wer nicht berufen sei, seine Meinung zu äußern, möge schweigen, müsse sich aber jemand von Amtswegen erklären, so solle er dies deutlich und klar tun und — so lautet das Fazit — „werde seine Meinung nicht angenommen, so

---

33 Über die Diskussion „Staatsdiener" — „Fürstendiener" HATTENAUER, Beamtentum, S. 134f.

34 Vgl. Anm. 29.

35 Ah. Cabinets-Befehl vom 30. Dezember 1866, Haus-, Hof- und Staatsarchiv, Kaiser Franz-Akten, Karton 69 (alt 70), siehe HEINDL, Gehorsam und Herrschaft, S. 331.

36 HATTENAUER, Beamtentum, S. 189.

hat er das Seinige getan und sein Gewissen gerettet; er muß von der bereits erfüllten Pflicht des aufrichten Rates zur Pflicht des gehorsamen und getreuen Untertanen übergehen".[37] Der Unterschied in der Auffassung, welche Qualitäten und Tugenden die Ethik eines Beamten eigentlich ausmachten, prägte auch das Ausbildungssystem der josephinischen und franziszeischen Zeit.

So wurde im juridischen Studienplan von 1810 die Ausbildung in den „allgemeinen" Rechtsfächern — von den österreichischen war schon die Rede — eingeschränkt. Die allgemeinen Fächer verteilten sich im Vergleich 1788/89 und 1810 folgendermaßen: 1788/89 waren an „allgemeinen Rechtsfächern" noch römisches Zivilrecht, Privatkirchenrecht, (deutsches) Lehensrecht, zweimal deutsches Staatsrecht und „europäische Statistik" gelesen worden. 1811 natürliches Privatrecht, römisches Privatrecht, Landwirtschaft, (deutsches) Lehensrecht und europäische Staatenkunde. Dazu kamen sowohl 1788/89 wie auch 1810 die „Politischen Wissenschaften" (Nationalökonomie).

Deutlich eingeschränkt wurden auch die rechtsphilosophischen Fächer. Im Jahr 1788/89 wurde gelesen: Naturrecht, allgemeines Staats- und Völkerrecht (Martini), 1810 gab es nur mehr das Naturrecht. (Gewissermaßen zählte aber auch das natürliche Privatrecht von Zeiller als rechtsphilosophisches Fach.) Die juridische Universitätsausbildung war, wie Gegner des Systems kritisch konstatieren sollten, auf das uns seltsam anmutende Ideal ausgerichtet, „fleißige, gemäßigte, an Ordnung und Folgsamkeit gewöhnte, mit den nötigsten Kenntnissen ausgestattete junge Männer" zu erziehen, „die aus den Lehranstalten ins praktische Leben übertreten und dort mit Ruhe und Bescheidenheit ihre Pflicht erfüllen" sollten.[38]

Der juridische Studienplan von 1819 mit seiner ängstlichen Bezogenheit auf die österreichische Gesetzesmaterie und dem formelhaften Unterricht, mit der strikten Ausrichtung auf einen rigiden Katholizismus mutete auch die Zeitgenossen ungenügend und provinziell an. Zur Ehrenrettung der österreichischen Verwaltung sei gesagt, daß sehr bald, bereits 1819, wieder die ersten Reformvorschläge auftauchten. Doch der Reformwille war erlahmt. Der Studienplan von 1810 überlebte fast unverändert bis zum Jahr 1848.[39]

In den vierziger Jahren war das System total erstarrt, auch was

---

[37] § 3 des Ah. Cabinets-Befehls (s. Anm. 35).

[38] Die Verteilung wurde erstellt nach dem UNIVERSITÄTS-ALMANACH bzw. nach dem TASCHENBUCH DER WIENER UNIVERSITÄT 1788/89. — Das Zitat in [Alois FLIR / Leo THUN-HOHENSTEIN, anonym], Die Neugestaltung der österreichischen Universitäten über Ah. Befehl dargestellt vom k. k. Ministerium für Cultus und Unterricht, Wien 1853, S. 15.

[39] MEISTER, Studienwesen, S. 39—63.

die Bedürfnisse des Staatsdienstes betraf, die sich längst geändert hatten. Man behalf sich zum Teil recht unbürokratisch mit vielen außerordentlichen Vorlesungen. Verschlimmert hatten sich besonders die Verhältnisse an der Universität Wien. Hier hatte sich die Praxis eingebürgert, altgediente Professoren aus der Provinz zu einem friedlichen Lebensabschluß nach Wien zu berufen. Joseph Alois Jüstel, der das Studienwesen leitete, äußerte sich 1842 in einem Vortrag an den Kaiser empört: „Die Wiener Universität ist ein honorables Invalidenhaus.“[40] Jüstel war im übrigen ein unverdächtiger Zeuge, er selbst war zum Zeitpunkt des Ausspruchs 77 Jahre alt.

Es war tatsächlich eine merkwürdige Mischung an Bildungsinhalten, die den angehenden Beamten geboten wurde. Einerseits wurden ausschließlich positive Rechtsfächer gelehrt, andererseits setzte man als philosophische Grundlage der juristischen Bildung das Naturrecht (Martini, Zeiller — und über Zeiller — auch Kant) obenauf, Lehren, die gerade im restaurativen Staat als höchst verdächtig erscheinen mußten. Immerhin wurde nach wie vor die Theorie von der Entstehung des Staates durch einen Vertrag gelehrt und von „angeborenen natürlichen Rechten des Menschen“ gesprochen, die im § 16 und § 17 des ABGB von 1811 auch rechtlich verankert waren, obwohl dies in der Praxis kaum Wert besaß.[41] Fest hielt man auch an Sonnenfels’ kritisch-naturrechtlichen „Politischen Wissenschaften“, an Sonnenfels’ „Geschäftsstil“, und die anderen aufklärerischen Lehrbücher wurden langsam und erst spät, ab den dreißiger Jahren, durch „moderne“ ersetzt.

Die Tradierung des Naturrechts in einem restaurativ-katholischen Staat, in dem die Katholiken das Naturrecht „als incamerierte Auflehnung“ gegen die „Offenbarung der göttlichen Satzung“[42] empfanden, erklärt sich aus zwei Wurzeln:

1. Es hatte Tradition und sich selbst im revolutionären Zeitalter der französischen Revolution „bewährt“, d. h. es hatte nicht zur Revolution geführt.

2. Stellen wir uns in diesem Zusammenhang die Frage, was für die Regierung die Alternative gewesen wäre, so ist die Antwort: wohl

---

[40] Ausspruch Jüstels vom 14. 11. 1842 im Haus-, Hof- und Staatsarchiv, Älterer Staatsrat 5687/1842. Für den Hinweis und die Überlassung des Manuskriptes seiner Dissertation „Die Universitätsorganisation Leo Thun-Hohensteins 1848—1860“ bin ich Herrn Alfried FRAISSLER zu herzlichem Dank verpflichtet.

[41] Zur naturrechtlichen Tradition und neuerdings Werner SAUER, Von der „Kritik“ zur „Positivität“. Die Geisteswissenschaften in Österreich zwischen josephinischer Aufklärung und franziszeischer Restauration. In: Vormärz. Wendepunkt und Herausforderung. Beiträge zur Literaturwissenschaft und Kulturpolitik in Österreich, hg. von Hanna SCHNEDL-BUBENIČEK (s. Anm. 11), besonders S. 23—35.

[42] So KINK, Wiener Universität 1, S. 464.

die historische Rechtsschule Savignys, von der man im österreichischen Kaiserstaat viel mehr politische Sprengkraft befürchtete. Denn von welchen historischen Rechten hätte man wohl gesprochen: vom böhmischen, polnischen, vom ungarischen, vom kroatischen usw. Recht? Für die österreichische Regierung war wohl das traditionelle Naturrecht, auch wenn darin bürgerliche Freiheiten vorkamen, das kleinere Übel als die politische Romantik, die mit Hilfe der historischen Disziplinen in den deutschen Staaten ihre Triumphe feierte. Aus diesen Gründen wurde erstaunlich viel aufklärerische Tradition in die vormärzliche Universität hinübergerettet.

Die Folgen

Wir können die Auswirkungen dieser Erziehung auf das Beamtentum u. a. aus drei Perspektiven betrachten: der politischen, sozialen und kulturellen. Diese drei Aspekte sind nicht voneinander zu trennen.

In den vierziger Jahren des 19. Jahrhunderts zeigten sich deutlich die Folgen, die seltsam ambivalent anmuten. Sie können hier nur thesenhaft skizziert werden. Einerseits stimmt es tatsächlich, wie die kritischen Stimmen anmerkten, daß in den 40er Jahren ein Qualitätsverfall im Beamtentum eingetreten war. Außerdem kam eine Akademikerarbeitslosigkeit dazu — es wurde von einem „Beamtenproletariat" gesprochen, das angeblich kaum genügend seinen Dienst versah.[43] Anderseits finden wir gerade in den hohen Rängen der Bürokratie aber auch eine ganz andere Entwicklung, als es das vormärzliche Ideal war, und deren *politische* Folgen unübersehbar sind. In den vierziger Jahren waren gerade im Beamtentum jene Intellektuelle (wenn wir darunter kritische Unabhängige verstehen) stark vertreten, die fortschrittlich dachten und die Kritik an den erstarrten Verhältnissen übten. Beamte waren zum Teil die Gründer, zum Teil die Mitglieder der neugebildeten — von der Regierung gefürchteten — Vereine: „Verein zur Pflege der vaterländischen Geschichte", „Juridisch-politischer Leseverein", „Concordia", in denen sie als Angelpunkt die Kulturarbeit benützten, um die Veränderung der vormärzlichen politischen Verhältnisse anzusteuern. Und im Revolutionsjahr 1848 finden wir sie tatsächlich im Reichsrat, in den Landtagen, in der deutschen Nationalversammlung.[44] Trotz der einengenden Universitätsausbildung, die sie genossen hatten, hatten sie sich — so scheint es — ein kritisches Urteil erhalten. Oder sollten im Gegenteil die natur-

---

[43] Ausführlicher bei HEINDL, Beamtentum, Elitenbildung und Wissenschaftspolitik, S. 52, im besonderen Anm. 27, 28, 29 und 30 (hier Zitat der kritischen Stimmen).
[44] Ebenda S. 58.

rechtlichen Lehren mit ihrer Definierung von Bürgerrechten, mit ihrer Bestimmung, daß im Zweifelsfall das positive Recht aufgehoben sei und die natürlichen Rechte den Vorrang besäßen, sowie die unübersehbare Diskrepanz dazu, die die vormärzliche Praxis demonstrierte, eine nachhaltigere Wirkung auf die Entwicklung der Bürokratie ausgeübt haben? Die anationale und apolitische Erziehung scheint eher die Entwicklung eines nationalen und politischen Bewußtseins gefördert als verhindert zu haben, eines Bewußtseins, wie es typisch für die bürgerliche Intelligenz — auch anderer Länder — war.[45]

Sozial gesehen war parallel mit dem Prozeß der Bürokratisierung ein Prozeß der Verbürgerlichung des hohen Beamtentums vorangeschritten. Der Prozentsatz der Verteilung zwischen Adeligen und Bürgerlichen im Staatsdienst im allgemeinen verschob sich kaum sprunghaft zugunsten der Bürgerlichen, nur finden wir im späten Vormärz weit mehr Bürokraten ohne Adelsprädikat oder neugeadelte „Von", „Edle" und „Ritter", die von Lebensstil und Mentalität auch dem Bürgertum zuzurechnen sind, in den hohen und höchsten Rängen. Zwischen 1840 und 1870 kamen nur mehr 10 % der Sektionschefs (damals bereits der höchste Rang des Fachbeamtentums) aus dem Alt- und Uradel, 74 % aber aus dem Dienstadel.[46] Das streng fixierte Ausbildungssystem hatte einen wesentlichen Anteil an dieser Entwicklung gehabt. Wie ein Blick in die Kassa-Journale der Universität Wien[47] zeigt, waren die hochadeligen Jünglinge bei weitem nicht so studierwillig wie die nicht adeligen (wobei wir aus den Verzeichnissen nicht ersehen können, aus welchem spezifischen Stand sie kamen). Ja, die Vollendung eines Studiums machte in vielen Fällen erst bürgerliche Emanzipation möglich. So fand, zumindest im Amtsleben und auch in den Karrieremustern, eine gewisse Angleichung zwischen Aristokraten und Nichtadeligen statt. Nicht zuletzt hatte die Einführung des heute so viel umstrittenen Aciennitätsprinzips bereits unter Joseph II. im Jahr 1787 eine zumindest theoretische Gleichstel-

---

[45] Die Zuwendung der hohen Beamtenschaft zu nationalen deutschen Fragen mußte in diesem Zusammenhang ausgeklammert werden, obwohl sie ein wichtiger Faktor zum Verständnis der Geschichte der Donaumonarchie ist; ausführlich darüber Heindl, Die österreichische Bürokratie, S. 81—90; auch dies., Beamtentum, Wissenschaftspolitik und Elitenbildung, S. 57f.

[46] Als Quellenmaterial wurden von mir die Staatshandbücher herangezogen. Die Rechnung nach Walter Steindl, Die Hochbürokratie im Herrschaftssystem und ihre Zusammensetzung mit besonderer Berücksichtigung der Verhältnisse in der österreichischen Reichshälfte der Donaumonarchie 1840—1870, ungedruckte phil. Diss., Wien 1974, S. 92; vgl. dazu auch Heindl, Die österreichische Bürokratie, S. 77.

[47] Vgl. Anm. 13.

lung bewirkt, denn dieses regelte die Beamtenhierarchie nach dem Dienstalter und nicht mehr nach dem Adelsrang. Das streng geregelte Amtsleben, verbunden mit der pedantischen Dienstauffassung, die verlangt wurde, erforderte eine andere Ethik, als der Tugendkodex der alteuropäischen Adelswelt[48] sie vorschrieb. Der Terminus „Conduiteliste" zeigt deutlich den Übergang: der Begriff conduite, der der aristokratischen Welt angehörte, wurde beibehalten, jedoch mit neuen Inhalten erfüllt,[49] zu denen die „neuen" bürgerlichen Tugenden wie Ordnung, Fleiß, Pünktlichkeit, Sparsamkeit, „Sittlichkeit und Moralität" gehörten.

Anders gestalteten sich die Verhältnisse im Privatleben, auch was die Gesinnung und Mentalität betraf. Im Privatleben wurde — mit wenigen Ausnahmen — die strenge Trennung beibehalten. Die hohen Beamten genossen zwar ein hohes Sozialprestige — sie rangierten bereits unter Joseph II. in den Rangordnungen vor den Universitätsprofessoren —, doch im sozialen Milieu spielten sie die Rolle der „zweiten Gesellschaft", gemieden von der ersten Gesellschaft, dem Adel, was beispielsweise von der französischen Baronin Montet, die von 1810—1824 in Wien gelebt und Zeit genug gehabt hatte, die hiesigen Verhältnisse zu studieren, streng gerügt wurde. Sie sah diesbezüglich einen gravierenden Unterschied zu Frankreich, wo sich die Künstler, Gelehrten und Adeligen in der Gesellschaft viel enger vermischten.[50]

Auch in Gesinnung und Mentalität blieb freilich ein hoher Aristokrat auch als Beamter Aristokrat, ein Bauer, der Beamter wurde, jedoch kein Bauer. Wir gehen jedoch sicher nicht fehl, wenn wir einen bestimmten „bürgerlichen Grundzug" als signifikant für Gesinnung und Mentalität der hohen Bürokratie annehmen, der, wie gesagt, den Lebensstil und auch die kulturellen Interessen prägte.

In den Mußestunden — und wahrscheinlich auch in den Amtsstunden — nahmen Beamte in einem ungeahnten Ausmaß Anteil am *kulturellen* und wissenschaftlichen Leben ihrer Zeit. Neben vielen künstlerischen Betätigungen möchte ich eine — die literarische — herausgreifen. Ich beziehe mich dabei nicht auf die bekannten Dichterbeamten Grillparzer, Stifter, Bauernfeld oder die Brüder Collin. Die unpublizierten Nachlässe geben Zeugnis davon, daß viele Beamte schrieben: Dramen, Novellen, vor allem aber Gedichte. Sie

[48] Zum „alteuropäischen Tugendkatalog" Otto BRUNNER, Adeliges Landleben und europäischer Geist. Leben und Werk Wolf Helmhards von Hohberg 1612—1688, Salzburg 1949, S. 74—84.

[49] HATTENAUER, Beamtentum S. 158; HEINDL, Gehorsam und Herrschaft S. 333.

[50] August FOURNIER, Die Memoiren der Baronin Montet. In: Österreichische Rundschau 4, 1905, S. 296—299.

nahmen als gebildetes Publikum selbstverständlichen Anteil an den kulturellen Anliegen ihrer Zeit und entwickelten auch sonst den typischen Stil des Bildungsbürgertums, der nicht nur für diese soziale Schicht wichtig, sondern kennzeichnend für die Ausformung der gesamten Biedermeierkultur werden sollte. Die kulturell wichtige Rolle, die das Beamtentum in vielerlei Hinsicht spielte, ist ein anderes — eigenes — Kapitel seiner Geschichte.

Die Diskussion

Grundlage des vorliegenden Artikels ist ein Referat, das am 10. März 1986 in der „Österreichischen Gesellschaft zur Erforschung des 18. Jahrhunderts" gehalten wurde. Es war von mir beabsichtigt, in diesem Referat überblicksweise den Wandel der Berufsgruppe Beamtentum in politischer, sozialer und kultureller Hinsicht im Zeitraum von 1780—1848, also von sechzig bis siebzig Jahren, zu zeigen, und den Anteil der Ausbildung in diesem dynamischen Prozeß zu bewerten.

Die lebhafte Diskussion, die sich daran anschloß, war in vieler Hinsicht aufschlußreich und weiterführend. Im allgemeinen kristallisierten sich die Diskussionsbeiträge und Fragen um vier Schwerpunkte: Das war erstens die Ausbildung in der deutschen Sprache. Die immer noch vorhandene Konkurrenz der lateinischen Sprache war — darauf wurde verwiesen — für die Heranbildung des Klerus äußerst wichtig. Auch die nationale Frage wird von der Tatsache, daß die Ausbildung in der deutschen Sprache und nicht nur in anderen Muttersprachen äußerst mangelhaft war, unmittelbar berührt. Die sicher schlechte Ausbildung in den Muttersprachen der anderen — nicht-deutschen — Nationalitäten erfährt eine gewisse Relativierung.

Der zweite wichtige Fragenkomplex, der diskutiert wurde, betraf den Unterschied zwischen dem Begriff Staatsdiener (unter Joseph II. bereits weitgehend entwickelt) und Fürstendiener, an sich das ältere Modell des Beamtenideals, das unter Kaiser Franz I. (II.) wieder auflebte. Es wurde von mir ergänzt, daß noch zu Beginn des 18. Jahrhunderts die Lex Divina dem Beamten ein Widerstandsrecht gegen unethische Weisungen des Fürsten ermöglicht habe, von dem in der Zeit ab 1806 (unter Verweis auf die „Vorschriften über die allgemeinen Pflichten und besonderen Obliegenheiten der Stellen und Beamten und über die wechselseitigen Befugnisse und Verbindlichkeiten der Oberen und Untergebenen" von 1806) in Österreich keine Rede mehr sein konnte.

Der dritte Diskussionsgegenstand war die Unkündbarkeit des Beamten, ein wesentliches Kriterium des Beamtendienstrechts. Die Einführung der Unkündbarkeit ist nicht so einfach feststellbar. Sie dürfte sich nach und nach durchgesetzt haben. Es wurde auf die Jakobinerprozesse in Ungarn verwiesen, in denen Universitätsprofessoren vor willkürlichen Entlassungen geschützt wurden mit dem Hinweis, daß ein Professor des Kaisers nicht so zu entlassen sei wie sein Kammerdiener.

Ein anderes Thema, über das debattiert wurde, war viertens das Anciennitätsprinzip und seine Auswirkungen auf den Staatsdienst — besonders in sozialer Hinsicht. Die durch das Anciennitätsprinzip bewirkte Gemeinsamkeit in den Amtsstuben hob die sonst so starke Differenz zwischen Adel und Bürgertum auf. In diesem Zusammenhang wurden noch einmal die sozialen Veränderungen im hohen Beamtentum innerhalb des Zeitraums von 1780 und 1848 in der Diskussion aufgegriffen. Dieser Wandel ist als wichtiger Faktor der bürgerlichen Entwicklung (vor allem der Entwicklung des Bildungsbürgertums) zu bezeichnen.

Immanuel Kants „Zum ewigen Frieden“

Unter besonderer Berücksichtigung der geschichts- und religionsphilosophischen Aspekte*

Von

GEORG CAVALLAR

1. Allgemeine Einleitung

Den populären Traktat „Zum ewigen Frieden“ (1795) schrieb Immanuel Kant, als er bereits über 70 Jahre alt war. Als aktueller Anlaß diente der Basler Sonderfriede vom fünften April 1795, mit dem das Königreich Preußen zur Neutralität zurückkehrte. Die Aktualität der Kantischen Friedensgedanken liegt in der Untersuchung der Bedingungen der Möglichkeit des Friedens bzw. seines Begriffes, in der Klärung der erforderlichen Voraussetzungen, der Vorbedingungen des Friedens.[1] Kant will mit allgemeiner Notwendigkeit bestimmen, was gewollt werden soll, wenn man Frieden will. Die Verfassung einer möglichen Konföderation ist das Thema einer empirischen Politik, nicht der Kantischen „Grundlegung“ zur Metaphysik des Friedens.

Die Voraussetzungen des ewigen Friedens klärt der Königsberger Philosoph in den Präliminarartikeln seines philosophischen Entwurfs. Sie enthalten die Forderungen, daß Friedensschlüsse nicht für

---

* Die vorliegende Arbeit basiert in ihren Grundzügen auf meiner Diplomarbeit mit dem Titel „Zum ewigen Frieden: Immanuel Kants philosophischer Entwurf im Zusammenhang mit seiner Transzendentalphilosophie, den Friedensideen Saint Pierres und Rousseaus und dem zeitgeschichtlichen Hintergrund“ (Wien 1986).
Kants Werke werden mit wenigen Ausnahmen nach der Theorie-Werkausgabe (Werke in zwölf Bänden, hg. von Wilhelm WEISCHEDEL, Frankfurt am Main 1968) zitiert.

[1] Vgl. Immanuel KANT, Gesammelte Schriften, hg. von der Königlich Preussischen Akademie der Wissenschaften, [später:] von der Deutschen Akademie der Wissenschaften zu Berlin, 23 Bände, Berlin, [später:] Berlin, Leipzig 1900—1955, Bd. 16, S. 241. Allgemein zu diesem Abschnitt Günter FREUDENBERG, Kants Lehre vom ewigen Frieden und ihre Bedeutung für die Friedensforschung, in: Georg PICHT und Heinz Eduard TÖDT (Hg.), Studien zur Friedensforschung, Bd. 1, Stuttgart 1969, S 183 ff., und H. GLOCKNER, Die europäische Philosophie von den Anfängen bis zur Gegenwart, Stuttgart 1958, S. 653 ff.

solche gelten sollen, die verkappte Waffenstillstände darstellen, daß Staaten nicht durch „Erbung, Tausch, Kauf oder Schenkung“[2] erworben werden dürfen, daß die stehenden Heere aufhören sollen. Weiters verbietet der vierte Präliminarartikel Staatsschulden, die „in Beziehung auf äußere Staatshändel gemacht werden“, der fünfte gewalttätige Interventionen in anderen Staaten. Diese Bestimmungen können mit Ereignissen des 18. Jahrhunderts in Zusammenhang gebracht werden, etwa mit den Erbfolgekriegen, der Entwicklung der stehenden Staats- und Berufsheere oder den Interventionen der europäischen Großmächte gegen das revolutionäre Frankreich. Nicht übersehen werden kann allerdings die Beinflussung durch zentrale Konzepte der Kantischen Philosophie, vor allem der Ethik. So begründet der Aufklärer beispielsweise den fünften Artikel mit der Autonomie der Staaten, die als moralische Personen gesehen werden.

In „Zum ewigen Frieden“ fließen Gedanken ein, die fast alle in den Kritiken und Schriften vor 1795 entwickelt worden sind. Die Frage nach Krieg und Frieden steht im Mittelpunkt der Kantischen Politik und Geschichtsphilosophie. Diese wiederum bilden, wenn wir Hans Saner, einem Schüler Karl Jaspers, Glauben schenken, nicht nur Zentrum seines Philosophierens, sondern sind auch in seinem Werk angelegt und „aus ihm organisch gewachsen“.[3] Das politische Denken des Ostpreußen nennt Saner „die klarste Ausprägung seines Philosophierens“. Konsequenterweise muß eine Arbeit über den Traktat alle Werke des Kritizisten mit einbeziehen, die gleichsam das Fundament und den Hintergrund zu den Ausführungen zum Thema Frieden darstellen. In den politischen und historischen Schriften Kants, der sich mindestens seit den fünfziger Jahren des 18. Jahrhunderts mit dem Friedensthema immer wieder beschäftigt hat,[4] sind einzelne Grundbegriffe oder Grundgedanken aus den ersten, vorkritischen Werken zu finden. Das Prinzip der „ungeselligen Geselligkeit“ des Menschen beispielsweise basiert in seiner Struktur auf dem Monadenbegriff und dem Antagonismus der einzelnen Monaden. Der Monadenbegriff ist in Kants zweiter Dissertation aus dem Jahre 1756 enthalten, die Theorie der „ungeselligen Geselligkeit“ in der „Idee zu einer allgemeinen Geschichte in weltbürgerlicher Absicht“ (1784).

---

2 Immanuel KANT, Zum ewigen Frieden, in: Immanuel KANT, Werke, Bd. 11, S. 196. Das folgende Zitat ebenda S. 198.

3 Hans SANER, Kants Weg vom Krieg zum Frieden. Bd. 1: Widerstreit und Einheit. Wege zu Kants politischem Denken, München 1967, S. 16. Vgl. auch ebenda S. 13ff. Das folgende Zitat ebenda S. 340.

4 Dies konnte Karl VORLÄNDER in den Schriften: Zum ewigen Frieden, Leipzig 1914, und: Kant und der Gedanke des Völkerbundes, Leipzig 1919, nachweisen. Das folgende Zitat in Immanuel KANT, Idee zu einer allgemeinen Geschichte in weltbürgerlicher Absicht, in: Immanuel KANT, Werke, Bd. 11, S. 37f.

Letztere Schrift sowie die Rechtslehre aus „Die Metaphysik der Sitten“ (1797) beschäftigen sich ausführlich mit der Friedensthematik und sind für das Verständnis von „Zum ewigen Frieden“ unerläßlich.

An verschiedenen Stellen seiner Werke verteidigt der Spätaufklärer den Völkerbundgedanken des Abbé Castel de Saint Pierre und Jean Jacques Rousseaus. Saint Pierre, der erste große Propagandist der Friedensidee in der Neuzeit,[5] wurde wegen seines „Projet pour rendre la paix perpétuelle en Europe“ (1713) als weltfremder Schwärmer und naiver Idealist verlacht. Rousseau, der als einer der wenigen Zeitgenossen den Abbé ernst nahm, verfaßte zwei Schriften über das „Projet“, den „Extrait“ und das „Jugement“. Der Kantische Friedensentwurf unterscheidet sich allerdings gravierend von denen seiner beiden Vorläufer.

Hinsichtlich der inhaltlichen Bestimmungen des Traktats wurden bisher nur die Präliminarartikel erwähnt. Als entscheidender und wesentlicher erweist sich der zweite Abschnitt mit den Definitivartikeln über Staatsverfassung, Völkerbund und Weltbürgerrecht.

2. Friede durch die „republikanische Regierungsart“

Im ersten Artikel erkennt Kant als einer der ersten den engen Konnex zwischen innerstaatlicher Struktur und außenpolitischem Verhalten. Der ewige Friede, so lautet seine These, habe nur unter der Bedingung Aussicht auf Erfolg, daß alle Staaten über eine republikanische Verfassung verfügen.[6] Der Königsberger Aufklärer unterscheidet dabei die Regierungsformen der Monarchie, Aristokratie und Demokratie von den Regierungsarten republikanisch, despotisch und barbarisch. Er nennt diejenige Verfassung eine republikanische, in der Freiheit und Gesetz, gesichert durch Gewalt, zusammen bestehen. Die republikanische Regierungsart beruht auf dem Prinzip der Gewaltentrennung, der Trennung der exekutiven Gewalt von der legisla-

---

[5] Vgl. Kurt von RAUMER, Ewiger Friede. Friedensrufe und Friedenspläne seit der Renaissance, Freiburg im Breisgau 1953, S. 127ff., und Castel DE SAINT PIERRE, Der Traktat vom ewigen Frieden, Berlin 1922, sowie Jean Jacques ROUSSEAU, Auszug aus dem Plan des Ewigen Friedens des Herrn Abbé de Saint Pierre, und ders., Urteil über den ewigen Frieden. Die letzten beiden Aufsätze sind bei RAUMER zu finden.

[6] Immanuel KANT, Frieden, in: Immanuel KANT, Werke, Bd. 11, S. 204. Vgl. allg. zu diesem Abschnitt Zwi BATSCHA und Richard SAAGE (Hg.), Friedensutopien. Kant, Fichte, Schlegel, Görres, Frankfurt am Main 1979, S. 9f.; Karl JASPERS, Kant. Leben, Werk, Wirkung, München ²1983, 158ff., und ders., Wahrheit, Freiheit und Friede, in: Wahrheit und Bewährung. Philosophieren für die Praxis, München 1983, 160ff., sowie Iring FETSCHER, Modelle der Friedenssicherung. Mit einem Anhang, München 1972, 55f.

tiven. Sie charakterisiert sich weiters durch die gesetzlich bestimmte Freiheit, die die Menschenrechte garantiert, und durch das Repräsentativsystem, das an freie Wahlen gebunden ist.

Der Kritizist behauptet nun, nur Staaten republikanischer Regierungsart, in denen nicht die Menschen, sondern die Gesetze herrschen, ermöglichten eine rechtliche Weltgemeinschaft und einen dauernden Friedenszustand. Ein Staat, dessen inneres Konstitutionsprinzip das Recht ist, wird sich auch im zwischenstaatlichen Bereich an diesem orientieren. Außerdem nimmt Kant an, daß das materielle Interesse der Besitzbürger, die die Republik konstituieren, diese an außenpolitischen Abenteuern hindern würde. Friede könne nur unter der Voraussetzung einer „Beistimmung der Staatsbürger",[7] d. h. einer Partizipation der Bürger an der Entscheidung über Krieg und Frieden, gesichert werden.

Kants mittlerweile klassische Formulierung der These, daß Frieden nur durch eine republikanische Verfassung gesichert werden könne, scheinen die geschichtlichen Ereignisse zu widerlegen. Obwohl viele Großmächte im 20. Jahrhundert repräsentative Demokratien, also Republiken im Sinne Kants geworden sind, hat die Zahl der Kriege keineswegs abgenommen. Allerdings kann die Idee der republikanischen Regierungsart in einer formal werdenden Demokratie verlorengehen, die unter den Manipulationen von Politikern und Wirtschaftsinteressen verkommt. Auch in einem demokratischen System besteht für die Regierungen die Möglichkeit, außenpolitische Entscheidungen der Kontrolle der Parlamente zu entziehen und die öffentliche Meinung durch falsche Informationen irrezuführen. Das Theorem „Friede durch Republikanismus" kritisiert der Königsberger Aufklärer indirekt selbst. Eine vollständige Einsicht in die Kausalzusammenhänge geschichtlicher Porzesse ist dem Menschen nach den Maßstäben des Kritizismus verwehrt. Jede Kausalerkenntnis ist eine partikulare, teilweise; eine Einsicht in die Notwendigkeit historischer Ereignisse unerreichbar. Die Teilerkenntnisse dienen zur Orientierung der wahrscheinlichen und möglichen Erwartungen. Der Transzendentalphilosoph spricht deshalb vorsichtig von einer „Aussicht", die die republikanische Verfassung in die Folge des ewigen Friedens habe.[8] Statt des Kausalitätsprinzips bzw. der Annahme einer sogenannten „kausalen Notwendigkeit" können wir den Wahrscheinlichkeitskalkül anwenden und folgern, daß es zwar nicht notwendig sein muß, aber doch wahrscheinlich sei, daß eine „republikanische Verfassung" Frieden sichere.

---

[7] Immanuel KANT, Frieden, in: Immanuel KANT, Werke, Bd. 11, S. 205.

[8] Ebenda S. 205. Vgl. auch Karl JASPERS, Kants „Zum ewigen Frieden", in: Karl JASPERS, Philosophie und Welt. Reden und Aufsätze, München 1958, S. 81.

3. *Der Völkerbund*

Immanuel Kant charakterisiert das Verhältnis der Staaten zueinander als einen Naturzustand, der ein Zustand des Krieges aller gegen alle ist. Jeder will sein eigener Richter sein, die einzige Sicherheit stellt die Gewalt dar. Die gesetzlosen Kriege als letztes Mittel der Außenpolitik nötigen die Menschen, zwischen Vernichtung der Menschheit und Umkehr zu wählen. Aufgabe der Menschheit wird die internationale Verbindung aller Staaten in eine freie Föderation, den Völkerbund, in dem die einzelnen Staaten als moralische Personen gesehen werden. Wie die Beziehungen zwischen den einzelnen Personen, so sollen die zwischen den Staaten bzw. Staatengruppen durch ein Rechtssystem, das auf dem Gleichheitsprinzip basiert, geregelt werden.

Im Gegensatz zum Völkerstaat hat der Kantische Völkerbund keine Zwangsgewalt, sondern basiert auf dem freien Willen moralischer Personen und deren freien, allmählich um sich greifenden Beitritt. Er zielt auf die Sicherung der Freiheit der Staaten, ohne daß sie einem Zwang unter öffentliche Gesetze unterworfen wären. Dieser Friedensbund versucht alle Kriege zu beenden und wäre anstelle „der positiven Idee *einer Weltrepublik* . . . nur das *negative* Surrogat eines den Krieg abwehrenden . . . *Bundes*“ mit der beständigen Gefahr, daß die feindselige Haltung einmal durchbricht. Wenn Kant kein bestimmtes Programm für die Weltfriedensordnung entwirft, so deshalb, weil die weltbürgerliche Gesellschaft für ihn eine unerreichbare Idee, ein regulatives Prinzip ist, der wir folgen sollen, ohne sie vielleicht je zu verwirklichen, aber mit der „gegründeten Hoffnung“, daß eine natürliche Tendenz uns dabei hilft.

Der Kritizist verwirft den Weltfrieden durch einen Weltstaat oder eine Universalregierung, die die Freiheit bedrohen und im Despotismus enden könnte. Despotismus ist ein Frieden „auf dem Kirchhofe der Freiheit“,[9] der durch Zwangsgewalt und Schwächung aller Kräfte hervorgerufen wird.

---

[9] Immanuel KANT, Frieden, in: Immanuel KANT, Werke, Bd. 11, S. 226. Die vorhergehenden Zitate ebenda S. 213 und 251. Vgl. allg. zu diesem Abschnitt Hans SANER (vgl. Anm. 3), S. 337f. und 42ff., Herta NAGL-DOCEKAL, Immanuel Kants Philosophie des Friedens und was die Friedensbewegung der Gegenwart daraus gewinnen könnte, in: Gernot HEISS und Heinrich LUTZ (Hg.), Friedensbewegungen: Bedingungen und Wirkungen, Wien 1984, S. 65f., Karl JASPERS, Kant (vgl. Anm. 6) 169ff., und ders., Philosophie (vgl. Anm. 8), 101ff.

4. Die moralische Begründung des Friedens

Jede Friedensbewegung weigert sich, das Gegebene als ein faktisch Gegebenes hinzunehmen. Es wird in Relation zu einem Gesollten, Aufgegebenen gesetzt und damit eine Instanz des Guten vorausgesetzt. Diese Instanz stellt sowohl Kriterium der Beurteilung als auch Instanz der Realisation dar. Bei Kant ist sie ein kategorisches praktisches Gesetz, ein apriorisches, autonomes Vernunftprinzip, das unbedingt als Bestimmungsgrund des Willens fungiert. Eine eher weniger bekannte Formulierung des kategorischen Imperativs lautet:

Handle so, daß du die Menschheit, sowohl in deiner Person, als in der Person eines jeden andern, jederzeit zugleich als Zweck, niemals bloß als Mittel brauchest.[10]

Vernünftige Wesen als Personen sind nach Kant „objektive Zwecke", d. h. Dinge, deren Dasein Selbstzweck ist und der durch keinen anderen Zweck ersetzt werden kann. Als entscheidend für die Bestimmung der Person als eines absoluten Wertes erweist sich die Vernunft. Durch diese praktische Vernunft, die eine gesetzgebende und damit zwecksetzende Instanz darstellt, wird der Mensch ein nicht relativierbarer Zweck.

Vor diesem Hintergrund der kantischen Ethik wird ersichtlich, warum der Friede von der Vernunft her not-wendig ist. Alle Grundsätze, die den Krieg gebieten, sind insofern mit dem kategorischen Imperativ unvereinbar, als diese eine Instrumentalisierung des Menschen implizieren. Dies gilt vor allem für die Soldaten des gegnerischen kriegführenden Staates, die als Mittel für den Zweck des Krieges, zur Erreichung eines bestimmten Kriegszieles, mißbraucht oder gebraucht werden. Die Formel des Selbstzwecks wendet Kant konsequent in seiner Friedensschrift an. Eine Anmerkung etwa enthält ein Beispiel aus der Geschichte: Ein bulgarischer Fürst habe dem griechischen Kaiser, der aus moralischen Erwägungen einen Zweikampf wünschte, geantwortet, ein Schmied, der über Zangen verfüge,

---

[10] Immanuel Kant, Grundlegung zur Metaphysik der Sitten, in: Immanuel Kant, Werke, Bd. 7, S. 61. Das folgende Zitat ebenda S. 60. Da die moralische Begründung des Friedens nur äußerst knapp dargestellt werden kann, empfehle ich als weiterführende Texte die ethischen Hauptschriften, nämlich die „Grundlegung zur Metaphysik der Sitten" und die „Kritik der praktischen Vernunft", sowie aus der Fülle der Sekundärliteratur Lewis White Beck, Commentary on Kant's Critique of Practical Reason, Chicago and London [4]1966, deutsche Übersetzung: Kants Kritik der praktischen Vernunft, München 1974, und H. J. Paton, Der kategorische Imperativ, Berlin 1962. Vgl. allg. zu diesem Abschnitt Nagl-Docekal (vgl. Anm. 9) S. 56ff.; Paton, S. 130ff.; Friedrich Kaulbach, Immanuel Kant, Berlin und New York [2]1982, S. 221ff. u. a.

würde das glühende Eisen nicht mit den bloßen Händen herausnehmen.[11] Auch hier werden die eigenen Soldaten instrumentalisiert und als Mittel zum Zweck gebraucht und verbraucht. Einen wesentlichen Aspekt kann man aus diesem Beispiel herauslesen, nämlich den überzeitlichen, nicht historisch oder gesellschaftlich bedingten Charakter des kategorischen Imperativs. Die moralischen Erwägungen des byzantinischen Kaisers aus dem frühen Mittelalter, die des Aufklärers Kant vor 200 Jahren und meine eigenen aus dem späten 20. Jahrhundert stimmen auf „sonderbare“ Art und Weise überein. Der Kantische Begriff der Sittlichkeit als Autonomie enthält als erstes Moment die Negation natürlicher, historischer und gesellschaftlicher Heteronomie. Der Kritizist betont in seinen ethischen Schriften vor allem den Aspekt des Widerspruchs zur natürlichen Heteronomie, den Gegensatz zur Willkür, zur Macht der Triebe, zu den Leidenschaften und Gefühlen wie Sympathie und Antipathie. Der Begriff der Sittlichkeit enthält jedoch nicht nur den Imperativ, Bedürfnisse und sinnliche Antriebe zu transzendieren, sondern auch die Unabhängigkeit des Willens von historischen und gesellschaftlichen Zwängen als letzten Bestimmungsgründen. Nicht nur derjenige, der sich grundsätzlich von seinen Neigungen beherrschen läßt, auch derjenige, der prinzipiell dem historisch Gewordenen und sozial Üblichen folgt, handelt unsittlich.

Da der Mensch immer ein Bedürfnis-, Geschichts- und Gesellschaftswesen bleibt, hat Sittlichkeit stets imperativischen Charakter. Im Überschreiten seiner Bedürfnis- und Gesellschaftsnatur findet er zu seinem eigentlichen Selbst, besitzt Würde und verdient Achtung.

Kants transzendentale Begründung des Friedens leitet diesen konsequent aus dem kategorischen Imperativ ab:

> Nun spricht die moralisch-praktische Vernunft in uns ihr unwiderstehliches Veto aus: *Es soll kein Krieg sein* . . .[12]

Dieser Friede ist dadurch charakterisiert, daß er sein soll. Die Frage, ob seine Realisierung in Raum und Zeit möglich sei, ist letztlich in Anbetracht des Rechtsbegriffes und der unbedingten Pflicht irrelevant. Das Wissen, daß seine Verwirklichung nicht undenkbar sei, muß genügen. Die vorhin zitierte Stelle stammt aus dem Beschluß der Rechtslehre der „Metaphysik der Sitten“. Der „Pflichtbegriff vom *ewigen Frieden*“ dominiert allerdings auch die Friedensschrift selbst.

---

[11] Immanuel KANT, Frieden, in: Immanuel KANT, Werke, Bd. 11, S. 209.

[12] Immanuel KANT, Die Metaphysik der Sitten, in: Immanuel KANT, Werke, Bd. 8, S. 478. Vgl. allg. Hermann TIMM, Wer garantiert den Frieden? Über Kants Schrift „Zum ewigen Frieden“, in: G. PICHT und H. E. TÖDT (vgl. Anm. 1), S. 215 f. Das folgende Zitat in Immanuel KANT, Frieden, in: Immanuel KANT, Werke, Bd. 11, S. 218.

Der darin enthaltene fiktive Friedensvertrag dient als Modell dafür, wie jeder Friedensvertrag sein soll.

5. Das radikal Böse

Kant war keineswegs überzeugt, daß die Menschen jederzeit und überall den kategorischen Imperativ verwirklicht haben oder verwirklichen. In der „Idee" heißt es:

> ... aus so krummem Holze, als woraus der Mensch gemacht ist, kann nichts ganz Gerades gezimmert werden.[13]

Über seine Friedensschrift verstreut er Äußerungen über den Menschen, die von einem tiefen Pessimismus zeugen. Wollen wir diesen verstehen, so müssen wir auf das erste „Stück" der „Religion innerhalb der Grenzen der bloßen Vernunft" zurückgreifen, das die These enthält, daß es in der Menschennatur neben einem guten Prinzip auch ein „radikal böses" gebe. Diese Überzeugung vom radikal Bösen in der Menschennatur und ihrer Imperfektibilität steht im krassen Gegensatz zu denjenigen Theorien, in denen allein „die Mächtigen" für die Kriege verantwortlich gemacht werden und dem Volk ein vollkommen guter Wille und eine grenzenlose Friedenssehnsucht unterstellt wird.

Das radikal Böse, das, wie der Königsberger meint, durch menschliche Kräfte nicht beseitigt werden kann, scheint den ewigen Frieden unmöglich zu machen. Der Transzendentalphilosoph erwartet sich allerdings, daß das Gute trotz und dank des Bösen wirksam werden kann. Der Kampf zwar nicht gegen die Wurzel, aber immerhin gegen die Wirksamkeit des Bösen im Menschen besteht in der Geschicklichkeitsaufgabe, dessen Wirkungen so gegeneinander auszurichten, daß sich ein Kräftefeld der bösen Wirkungen bildet, das sich selbst aufhebt. Der Endeffekt wäre der gleiche, als ob es das Böse gar nicht gäbe.

Daß man die Wirkungen des Bösen, nicht das Böse selbst, durch Geschicklichkeit beseitigen kann, stellt die realpolitische Komponente in Kants Fortschrittskonzept dar, das man also nicht nur von der praktischen Vernunft her verstehen darf. Beide Aspekte ergänzen einander: Es wäre gleicherweise naiv, Fortschritt nur von einem Mechanismus oder nur von der Moralität zu erwarten.

---

[13] Immanuel KANT, Idee, in: Immanuel KANT, Werke, Bd. 11, S. 41. Das folgende Zitat in Immanuel KANT, Die Religion innerhalb der Grenzen der bloßen Vernunft, in: Immanuel KANT, Werke, Bd. 8, S. 686. Vgl. allg. zu diesem Abschnitt Hans SANER (vgl. Anm. 3), S. 51 ff.

6. Geschichte als Wissenschaft

Der Spätaufklärer begnügte sich nicht damit, die Notwendigkeit des Friedens nur in der reinen praktischen Vernunft zu begründen. Er versuchte nachzuweisen, daß der Friede auch von der Natur des Menschen her unter Einbeziehung seiner Neigungen („Ehrsucht, Herrschsucht oder Habsucht“[14]) notwendig sei. Ging es bisher um die Frage „Was soll ich tun?“, so sind die folgenden geschichtsphilosophischen Überlegungen ein Versuch, Verknüpfungspunkte zwischen phänomenaler und noumenaler Welt, zwischen der Welt, wie sie ist und wie sie sein soll, zu finden und die Frage „Was darf ich hoffen?“[15] zu beantworten. Letztere Frage betrifft im Verständnis Kants grundsätzlich die Religion und damit die Transzendenz. Hier wird vorerst der Bezug zur Transzendenz ausgeklammert und eine rein immanente Antwort erstrebt.

Geschichtsphilosophie im eigentlichen Sinn entstand im 18. Jahrhundert unmittelbar vor den Augen des Königsberger Philosophen. In der „Idee zu einer allgemeinen Geschichte in weltbürgerlicher Absicht“ geht es zunächst um die Beantwortung der Frage, wie Geschichte und Geschichtsphilosophie als Wissenschaft möglich seien. Kant geht von der in der „Kritik der reinen Vernunft“ gewonnenen Differenzierung zwischen phänomenal und noumenal aus, wenn er Geschichte als einen Bereich von „Erscheinungen“ bezeichnet, die in Raum und Zeit gegeben sind.[16] Es wäre deshalb naheliegend, die in Erscheinung tretenden menschlichen Handlungen „eben so wohl als jede andere Naturgegebenheit, nach allgemeinen Naturgesetzen“ als bestimmt und damit als konstruierbar zu betrachten. Dabei ergibt sich jedoch eine Schwierigkeit: Die Akteure der menschlichen Geschichte sind freihandelnde Wesen, deren Verhalten nicht kausal determiniert ist. Die Geschichtswissenschaft, die einen „regelmäßigen Gang“ der Erscheinungen entdecken will, muß diese Freiheit, Regellosigkeit und Indeterminiertheit ins Kalkül ziehen. Kant ersetzt den unzureichenden synthetischen Grundsatz der Kausalität durch den der Wahrscheinlichkeit, um eine Art von allgemeiner Verfassung der Geschichte zu errichten. Was an einzelnen Subjekten „verwickelt und regellos“ erscheint, könnte als „regelmäßiger Gang“ gedeutet bzw. ge-

---

[14] Immanuel KANT, Idee, in: Immanuel KANT, Werke, Bd. 11, S. 38.

[15] Die vier Grundfragen der Philosophie „in weltbürgerlicher Bedeutung“ in Immanuel KANT, Logik, in: Immanuel KANT, Werke, Bd. 6, S. 448.

[16] Immanuel KANT, Idee, in: Immanuel KANT, Werke, Bd. 11, S. 33. Vgl. allg. zu diesem Abschnitt Friedrich KAULBACH, Welchen Nutzen gibt Kant der Geschichtsphilosophie, in: Kantstudien, Bd. 66, 1975, 65ff., und ders., Das Prinzip Handlung in der Philosophie Kants, Berlin und New York 1978, S. 104ff. Das folgende Zitat in Immanuel KANT, Idee, in: Immanuel KANT, Werke, Bd. 11, S. 33.

dacht (nicht unbedingt erkannt!) werden, wenn nach dem Grundsatz der Wahrscheinlichkeit und der Statistik vorgegangen werde. Dabei werden nicht einzelne Individuen, sondern der Prozeß der ganzen Gattung und der Verlauf im großen und ganzen betrachtet. Vielleicht lasse sich dabei, so Kant, eine „stetig fortgehende obgleich langsame Entwicklung der ursprünglichen Anlagen" der ganzen Menschengattung entdecken. Der Kritizist will auf diese Weise Geschichtsschreibung in den Status einer Wissenschaft erheben. Mit Hilfe des Wahrscheinlichkeitskalküls wird Geschichte unter allgemeine Naturgesetze gestellt. Damit aber aufgefundene Regelmäßigkeiten in der Geschichte nicht isoliert bleiben, bietet Vernunft die Idee eines Weltzusammenhanges auf, die den „Leitfaden"[17] abgibt, Einzelnes zum Ganzen zu verbinden. In Analogie zur Architektur in der ersten Vernunftkritik können wir auch hier die Vernunft- von der Verstandesebene unterscheiden. Der Verstand übernimmt mit seinem System der synthetischen Grundsätze, das durch den Wahrscheinlichkeitskalkül modifiziert wurde, die Aufgabe, den geschichtlichen Gegenstand zu bestimmen. Die vom Verstand gewonnenen Erkenntnisse werden durch Ideen der Vernunft ergänzt und zu einer Totalität von „Welt" vereinigt. Der Gesichtspunkt der Vernunft und dieser Weltanspruch sind in der „Idee" durch das Wort „weltbürgerlich" repräsentiert. Kant will „Ideen" bereitstellen, mit deren Hilfe die bloß empirische Geschichtsschreibung die Vernunftebene eines systematischen Zusammenhangs erreichen kann. Am Ende des Traktats bemerkt er, mit diesem solle keineswegs schon Geschichtsschreibung geleistet werden. Er unterscheidet zwischen einer *„empirisch* abgefaßten Historie" einerseits und einem Entwurf der reinen Vernunft, der die „Idee einer Weltgeschichte, die gewissermaßen einen Leitfaden *a priori* hat",[18] darstellt. Aus „einem anderen Standpunkte" als dem empirischen sollen die geschichtlichen Fakten in einen allgemeinen Weltzusammenhang gebracht werden.

7. Der Begriff der Natur

Friedrich Kaulbach hat festgestellt, daß Kant in seiner Natur- und Geschichtsphilosophie mehrere Auffassungen der Natur nebenein-

---

[17] Alle Zitate ebenda S. 33 f. und S. 49.

[18] Ebenda S. 49. Auf S. 50 auch das folgende Zitat.

ander bestehen läßt.[19] Er unterscheidet zwischen einer „gefesselten", „freien" und „zwecktätigen" Natur.

In den ersten Sätzen der „Idee" ist von einer Konzeption der Natur die Rede, die in den „Principia mathematica" des von Kant verehrten Newton entwickelt worden war. Die philosophische Rechtfertigung dieser Konzeption, in der Natur durch die allgemeinen Naturgesetze bestimmt ist, leistete der Kritizist in der „Kritik der reinen Vernunft". Die Natur liefert den allgemeinen Zusammenhang, an dessen Leitfaden nach dem Vorbild der mathematischen Naturwissenschaft die geschichtlichen Tatsachen aufgereiht werden. Der Verstand schreibt dieser erscheinenden, „gefesselten" Natur die allgemeinen Gesetze vor und nötigt sie, Antwort auf die Fragen zu geben, welche er ihr vorlegt. Indem der Verstand durch seine synthetische Arbeit den Bereich möglicher Erfahrung festlegt, „fesselt" er die Natur a priori.

Ein paar Sätze weiter geht Kant in der „Idee" relativ unvermutet und nicht näher bezeichnet zu einer anderen Naturkonzeption über. Diese Natur ist nicht mehr durch allgemeine Gesetze determiniert, sondern hat Absichten und befolgt diese in der Geschichte, auch wenn einzelne Menschen und Völker keineswegs daran denken. Friedrich Kaulbach nennt sie die „freie" Natur. Es ist damit die Aufgabe gestellt, Geschichte am Prinzip der *„Naturabsicht"*[20] in einen Vernunftzusammenhang zu bringen. Das Gebiet der mathematischen Naturwissenschaft wird verlassen:

> Einzelne Menschen und selbst ganze Völker denken wenig daran, daß, indem sie, ein jedes nach seinem Sinne und einer oft wider den anderen, ihre eigene Absicht verfolgen, sie unbemerkt an der Naturabsicht, die ihnen selbst unbekannt ist, als an einem Leitfaden fortgehen, und an derselben Beförderung arbeiten, an welcher, selbst wenn sie ihnen bekannt würde, ihnen doch wenig gelegen sein würde.[21]

Der Aufklärer geht damit von einem mechanischen Naturbegriff zu einem Zweckbegriff der Natur über, um einen Gesichtspunkt zu gewinnen, von dem aus die Vernunft die geschichtlichen Erscheinungen in einen systematischen Zusammenhang bringen kann. Schon eine Frühschrift Kants, die „Allgemeine Naturgeschichte und Theorie des Himmels" (1755), enthält einen zweckvollen Naturbegriff. Die „sich selbst überlassene Natur"[22] bedient sich des Werkzeugs mechanischer

---

[19] Vgl zu diesem Abschnitt insbesondere Friedrich KAULBACH, Der Zusammenhang zwischen Naturphilosophie und Geschichtsphilosophie bei Kant, in: Kantstudien, Bd. 56, 1965, S. 430ff.

[20] Immanuel KANT, Idee, in: Immanuel KANT, Werke, Bd. 11, S. 34.

[21] Ebenda.

[22] Immanuel KANT, Allgemeine Naturgeschichte und Theorie des Himmels, in: Immanuel KANT, Gesammelte Schriften (vgl. Anm. 1), Bd. 1, S. 363.

Wirkung. Geschichte wird in dieser Schrift vom Standpunkt des Naturzusammenhangs her verstanden. Auch in späteren Schriften versucht Kant zu zeigen, daß Natur als System betrachtet das Totum einer plan- und zweckmäßig vorgehenden Entwicklung sei. In der Einleitung zur „Kritik der Urteilskraft" heißt es, daß die „gefesselte" Natur den Bestrebungen der Vernunft, die nach vollkommener Kontinuität und Einheit verlangt, nicht gerecht werden kann. Diese Einheit in einem Vernunftsystem kann sich nur durch das Entgegenkommen von seiten der Natur selbst ergeben. Die „freie" Natur ist ein Gegenstand der reflektierenden, nicht der bestimmenden Urteilskraft, die die natürliche Wirklichkeit so auffaßt, „als ob" sie sich in freier und selbständiger Weise zu einer vernünftigen Einheit zusammenschließen ließe. Diese vollkommene Einheit sieht Kant als regulativ, nicht als konstitutiv an. Die Vernunft benötigt diese frei wollende und Absichten verfolgende Natur, um eine Orientierung für die Geschichte leisten zu können.

Die Transzendentalphilosophie, die sich mit dem Standpunkt befaßt, den das Denken gegenüber der Welt und den Gegenständen behauptet, überschreitet nicht nur den Horizont des Denkens der gefesselten Natur, sondern zuletzt auch den der freien Natur zu einem Denken des Zwecks der ganzen Natur, das in das Gebiet der Ethikotheologie hineinführt.

8. Natur und Freiheit

Wer die „Idee zu einer allgemeinen Geschichte in weltbürgerlicher Absicht" das erste Mal studiert, gewinnt den Eindruck, daß dort die freie Natur zum Vormund des handelnden Menschen gemacht wird, dessen Freiheit und Autonomie dadurch in Gefahr gerät. Manche Autoren halten die Kantische Geschichtsphilosophie im allgemeinen und seine doppelte Begründung des Friedens im besonderen für einen Fehlschlag, weil sie überzeugt sind, daß dem Transzendentalphilosophen die Auflösung dieser Antinomie von freier Natur und Freiheit nicht gelungen ist.[23] Die neun „Sätze" der „Idee" klingen wie dogmatische Aussagen über eine Natur, die zur Herrin des Menschen gemacht und der die Freiheit des Menschen geopfert wird. Diese Interpretation wird durch Formulierungen verstärkt, in denen es heißt, daß die Menschen von der Natur „gezwungen" werden, im Sinn ihrer

[23] Vgl. Emil L. FACKENHEIM, Kants Concept of History, in: Kantstudien, Bd. 48, 1956/7, S. 398, und Hermann TIMM (Vgl. Anm. 12), S. 214 und 233f., sowie allg. Friedrich KAULBACH, Geschichtsphilosophie (vgl. Anm. 16), S. 71ff., ders., Naturphilosophie (vgl. Anm. 19), S. 449f.

Absichten zu wirken. Die Natur erscheint als überlegener Pädagoge, der die Leidenschaften, Schwächen und die Unvernunft der Menschen gebraucht, um ihr vernünftiges beabsichtigtes Ziel, die Herstellung einer bürgerlichen Gesellschaft, zu erreichen.

Wir können diese Dialektik zwischen Natur und Freiheit am Vorbild der dritten Antinomie in der „Kritik der reinen Vernunft“ auflösen. Kant kommt dort zu dem Ergebnis, daß Freiheit und Naturnotwendigkeit dann gut mit- und nebeneinander bestehen können, wenn man zwei verschiedene Perspektiven zu gebrauchen versteht. Im Bereich der Geschichtsphilosophie ist diese Dialektik insofern verschärft, als der menschlichen Willensfreiheit nun nicht eine „gefesselte“, sondern eine selbst freie Natur gegenübersteht. Die einander widersprechenden Behauptungen werden in dieser erneuten Auflösung jeweils auf eine Perspektive, die für sie zuständig ist, relativiert. Aus der einen Perspektive — hier wird die These der Willensfreiheit vertreten — betrachtet das geschichtsphilosophische Denken die Handlungen des autonomen Subjekts. Aus der anderen Perspektive wird die Welt als objektiver Zusammenhang gedacht. Das geschichtsphilosophische Denken macht sich ein Bild von dieser Welt, wie es in den neun Sätzen der „Idee“ präsentiert wird, zum Zweck der praktischen Orientierung für das geschichtlich-politische Handeln. Damit ist die Verbindung mit der praktischen Vernunft gegeben, deren Bedürfnis darin liegt, sich in einen Zusammenhang zu versetzen, an dem sie Weg und Ziel für autonomes Handeln erkennen kann. Im Sinne des Kritizismus wäre es günstiger, das Wort „erkennen“ durch „denken“ zu ersetzen. Denken, sagt Kant, „kann ich, was ich will, wenn ich mir nur nicht selbst widerspreche“,[24] während Erkenntnis immer auf sinnliche Erfahrung angewiesen bleibt.

Kritik der Vernunft bedeutet unter anderem, die Welt, wie sie sich aus einer bestimmten Perspektive aufschließt, nicht als „die Wahrheit“, sondern eben *als* Perspektive zu durchschauen. Die Aufgaben, die die freie Natur den Menschen stellt, muß dieser selbst durch den Übergang zum Stand der Freiheit lösen. Die Natur bietet quasi die Sprosse auf der Leiter dar, auf der der Mensch weiterzusteigen hat. Kants Perspektive in der „Idee“, die die Vernunft-, nicht die Verstandesebene umfaßt, ist nicht „beweisbar“, weil sie den Bereich möglicher Erfahrung überschreitet. Der Titel selbst deutet darauf hin, daß es sich um eine Deutung der reflektierenden Urteilskraft handelt, die nach der Hermeneutik des „als ob“ zu verstehen ist. Hans Saner spricht von einer Parallelität von Natur und Freiheit.

---

[24] Immanuel KANT, Kritik der reinen Vernunft, in Immanuel KANT, Werke, Bd. 3, S. 31.

Kants Tendenz zur Einheit verweist uns immer wieder auf einen Raum, der sowohl Freiheit als auch Natur umfaßt und beide vereint. Diesen Bereich können wir das „umfassende Unbekannte", „das Eine", die Transzendenz, Gott nennen.[25]

9. Kritizismus

Die Transzendentalphilosophie ist der Versuch, Möglichkeit, Ursprung, Gültigkeit und Grenzen der menschlichen Erkenntnis festzustellen. Der Hauptsatz des Kantischen Kritizismus lautet: „Gedanken ohne Inhalt sind leer, Anschauungen ohne Begriffe sind blind".[26] Mit den Begriffen sind die apriorischen Kategorien des Verstandes gemeint. Kant hat weder in der „Idee" noch in der Garantieerklärung der Friedensschrift den Standpunkt des Kritizismus aufgegeben. Es gibt zahlreiche Beispiele, die belegen, daß er nie seinen Standpunkt für den der Vorsehung hielt. Er denkt quasi die Gedanken der Vorsehung mit dem Bewußtsein, daß unser menschlicher Verstand sie nie erreichen kann. In seinen „Spekulationen" versucht er etwas, ohne zu wissen. Er weiß aber immer um die Grenzen zwischen Erkenntnis und Spekulation. Gleich zu Beginn der „Garantie des ewigen Friedens" erklärt der Königsberger, es könne eigentlich nur ein „Hinzudenken", keine Erkenntnis der Vorsehung geben. In einer Anmerkung fügt er hinzu, diese erkennen zu wollen, sei „törichte Vermessenheit des Menschen".[27]

Eine teleologische Geschichtskonstruktion ist unvereinbar mit der Würde des Menschen , der nie nur Mittel zum Zweck sein darf, wie es in einer Formulierung des kategorischen Imperativs heißt. Der einzelne würde sonst zum Mittel späterer Generationen, alle Menschen würden zum Mittel für das Ziel des Ganzen in der Naturabsicht. So „rätselhaft" dies auch sei, und so sehr jeder Mensch Anspruch darauf hat, Selbstzweck und Erfüllung zu sein, so sei dieses Paradox auch notwendig, wenn man davon ausgehe, daß die Menschengattung in ihrer Gesamtheit „zu einer Vollständigkeit der Entwicklung ihrer Anlagen" kommen solle. Die Bedenken des Aufklärers, die zeigen, wie weit er von einem vorbehaltlosen Fortschrittsglauben bzw. -optimismus entfernt ist, antizipieren Leopold von

---

[25] Hans SANER (vgl. Anm. 3), S. 64f. und 70.

[26] Immanuel KANT, Kritik der reinen Vernunft, in: Immanuel KANT, Werke, Bd. 3, S. 98.

[27] Ders., Frieden, in: Immanuel KANT, Werke, Bd. 11, S. 217. Vgl. allg. zu diesem Abschnitt Karl JASPERS, Kant (vgl. Anm. 6), S. 154ff.

Rankes These, daß jede geschichtliche Epoche „unmittelbar zu Gott“ sei und ihr Wert in ihrer Existenz selbst beruhe.[28]

Zwischen dem Philosophen Kant und dem Historiker Ranke liegen Georg Wilhelm Friedrich Hegel und Karl Marx. Kants „Naturabsicht“, die aus dem Handeln des Menschen etwas anderes hervorgehen läßt, als dieser zunächst meinte, wird oft mit Hegels „List der Vernunft“ verglichen. Die „große Künstlerin *Natur*“, heißt es dann, wirke hinter dem antagonistischen Verhalten der Staaten und lasse durch „die Zwietracht der Menschen Eintracht selbst wider ihren Willen“[29] entstehen. Der fundamentale Unterschied zwischen den beiden Philosophen besteht meiner Meinung nach darin, daß Kant das den Erscheinungen Zugrundeliegende, das unerkennbare „Ding an sich“ denken, aufspüren will — das Wörtchen „hinter“ weist übrigens auf die zugrundeliegende Differenzierung zwischen mundus phänomenon und noumenon hin, was allerdings nicht zu einer falschverstandenen „Zweiweltentheorie“ führen sollte —, während Hegel eine den Standpunkt des Kritizismus aufgebende Erkenntnis des Geschichtsverlaufs im ganzen versucht. Bei Hegel tritt ein Weltgeist auf, der sich der Handlungen der einzelnen Menschen bedient, um seine Zwecke zu erreichen. Wenn dabei manche unschuldige Blume zertreten und vieles zertrümmert wird, so stört das nach Hegel ohnehin nur Kammerdiener und Schulmeister, denen das Verständnis für wahre Größe abgehe. Die Individuen werden zu Werkzeugen des Weltgeistes degradiert und aufgeopfert. In der Hegelianischen Geschichtsphilosophie verkommt der Kritizismus zu einem Dogmatismus und der Appell an die Freiheit fehlt. Die kritizistische Selbstbegrenzung des Wissens beim Königsberger Philosophen unterscheidet diesen auch von dem Totalwissen und der Totalplanung bei Marx. Sowohl bei letzterem als auch bei Hegel wird das Historische zum Durchgangspunkt eines angeblich existenten dialektischen Weltprozesses abgewertet.

---

[28] Leopold von RANKE, zit. in Helmut SEIFFERT, Einführung in die Wissenschaftstheorie, 2. Band: Geisteswissenschaftliche Methoden, München [5]1973, S. 53f. Die Kantischen Zitate in Immanuel KANT, Idee, in: Immanuel KANT, Werke, Bd. 11, S. 37.

[29] Ders., Frieden, in: Immanuel KANT, Werke, Bd. 11, S. 217. Vgl. auch Karl JASPERS, Kant (vgl. Anm 6), S. 195; Zwi BATSCHA und Richard SAAGE (Hg.), Friedensutopien (vgl. Anm. 6), S. 13f., und Hannah ARENDT, Das Urteilen. Texte zu Kants Politischer Philosophie, München und Zürich 1985, S. 18f., sowie Franz WIEDMANN, Georg Wilhelm Friedrich Hegel in Selbstzeugnissen und Bilddokumenten, Reinbek bei Hamburg 1983, S. 82.

10. Geschichte als Vollzug einer Naturabsicht

Die Garantieerklärung des ewigen Friedens basiert auf den Thesen der „Idee“, von der wir in diesem Begründungsweg konsequenterweise ausgehen müssen. Diese kurze geschichtsphilosophische Schrift enthält als vierten „Satz“ die Theorie von der „ungeselligen Geselligkeit“ des Menschen. Im Gegensatz zu den Tieren ist das menschliche Verhalten und Zusammenleben nicht mehr durch Instinkte gesichert. Wegen dieser Instinktungebundenheit und Minimalausstattung des Menschen stehen natürliche Antriebe im Widerspruch zueinander.

> Der Mensch hat eine Neigung, sich zu *vergesellschaften;* weil er in einem solchen Zustande sich mehr als Mensch, d. i. die Entwickelung seiner Naturanlagen, fühlt. Er hat aber auch einen großen Hang, sich zu *vereinzelnen* (isolieren); weil er in sich zugleich die ungesellige Eigenschaft antrifft, alles bloss nach seinem Sinne richten zu wollen, und daher allerwärts Widerstand erwartet, so wie er von sich selbst weiß, daß er seiner Seits zum Widerstande gegen andere geneigt ist.[30]

Die ungesellige Geselligkeit stellt nach Kant die Basis für den geschichtlichen Fortschritt dar. Sie dient als Anstoß für die Entwicklung der menschlichen Fähigkeiten. Ohne sie würde der Mensch wie ein Schaf ein „arkadisches Schäferleben“ führen und seine Talente verkommen lassen. So aber versucht der Mensch, sich eine Position innerhalb der Gemeinschaft zu verschaffen, nimmt „Arbeit und Mühseligkeiten“ auf sich und entwickelt Talente, Naturanlagen und Kultur. Die „ungesellige Geselligkeit“ stellt jedoch auch eine Bedrohung dar, da diese Entwicklung auf einen „bellum omnium contra omnes“ hinausläuft. Die Menschen sind daher gezwungen, in einen Zustand des rechtlichen Zwanges zu treten, da ihre „wilde Freiheit“ ein Zusammenleben unmöglich macht. Die ungesellige Geselligkeit bewirkt so ihre eigene Disziplinierung, indem die Not, die sich die „Menschen untereinander selbst zufügen“, den Anstoß zur Errichtung einer *„gerechten bürgerlichen Verfassung“* gibt. Diese Entwicklung versteht Kant als einen Prozeß, der immer wieder abläuft. Die Menschen, die sich auf rechtliche Verhältnisse einlassen, bestimmen sich nicht aus Pflicht dazu, sondern handeln aus Eigeninteresse. Ihr Verhalten ist nicht frei, sondern naturkausal bestimmt: Ein realistischer Kosten-Nutzen-Kalkül zeigt ihnen, daß der Rechtszustand allen Vorteile bringt. Der Mensch, wie ihn die „Idee“ beschreibt, ist ein Tier.

---

[30] Immanuel KANT, Idee, in: Immanuel KANT, Werke, Bd. 11, S. 37f. Vgl. allg. zu diesem Abschnitt: Herta NAGL-DOCEKAL (vgl. Anm. 9) S. 67ff., und Hermann TIMM (vgl. Anm. 12), S. 216ff.

Die „Sachzwänge", die nach Kant zur Bildung von Staaten und zur Verbesserung der Rechtssysteme führen, machen ein gesetzmäßiges Verhältnis der Staaten untereinander unumgänglich. Mit Hilfe derselben ungeselligen Geselligkeit werden die Staaten, die in „ungebundener Freiheit" zueinander stehen, von der Natur, die als freie verstanden wird, gezwungen, „aus dem gesetzlosen Zustande der Wilden hinaus zu gehen, und in einen Völkerbund zu treten".[31] Kant nimmt an, daß die Belastungen der Rüstungsspirale für die Staaten früher oder später einen Grad erreichen werden, der diese nötigt, die Zwangslage durch rechtliche Regelungen auf internationaler Ebene zu überwinden. Die Natur selbst verwirklicht damit das Ziel der Entwicklung der Gattung, das durch die spezifische Ausstattung des Menschen angezeigt wird, weil es die Menschen auf der Basis der „zwangsfreien praktischen Vernunft" nicht tun: „Fata volentem ducunt, nolentem trahunt". Der Kritizist beschließt die „Garantie des ewigen Friedens" mit einer Einschränkung:

> Auf die Art garantiert die Natur, durch den Mechanism in den menschlichen Neigungen selbst, den ewigen Frieden; freilich mit einer Sicherheit, die nicht hinreichend ist, die Zukunft desselben (theoretisch) zu *weissagen,* aber doch in praktischer Absicht zulangt, und es zur Pflicht macht, zu diesem (nicht bloß schimärischen) Zwecke hinzuarbeiten.[32]

Die Wendung „in praktischer Absicht" deutet darauf hin, daß es in dieser Argumentation auch um die Fundierung der Praxis geht, die sich für die (rechtliche) Sicherung des Friedens einsetzt. Wenn der Aufklärer von einer „nicht hinreichenden Sicherheit" spricht, mit der die freie Natur den ewigen Frieden garantiere, so bedeutet das, daß die Nötigung zum Frieden nicht im Sinne einer naturkausalen Notwendigkeit verstanden werden darf. Es ist durchaus denkbar, daß sich Menschen gegen die rationellste Lösung von Sachzwängen im Sinne einer Kosten-Nutzen-Kalkulation, also gegen die „Zweckrationalität" entscheiden. Die Evolution zum Weltfrieden „erscheint" damit zwar nicht als notwendig, aber doch immerhin als möglich. Dieser letzte Satz gilt für unseren theoretischen Verstand, wobei Notwendigkeit und Möglichkeit zwei Kategorien desselben darstellen.[33] Der Friede *kann* also auch über den „Mechanism in den menschlichen Neigungen" zustande kommen und nicht nur, wenn alle Menschen aus Pflicht handeln.

---

31 Alle Zitate in Immanuel KANT, Idee, in: Immanuel KANT, Werke, Bd. 11, S. 38, 40, 39, 41 und 42. Die folgenden Zitate in ders., Frieden, in: Immanuel KANT, Werke, Bd. 11, S. 223.

32 Ebenda S. 226f.

33 Immanuel KANT, Kritik der reinen Vernunft, in: Immanuel KANT, Werke, Bd. 3, S. 119.

11. Geschichte als Fortschritt

Auf den ersten Blick scheint es, als müsse die Geschichts- und „Friedensphilosophie" des Spätaufklärers unter das Verdikt der „Fortschrittsgläubigkeit" fallen. Dabei behauptet Kant keineswegs, geschichtlichen Fortschritt im ganzen erkennen oder gar weiteren Fortschritt voraussagen zu können. Der Geschichtsverlauf, meint der Kritizist, lasse sich dreifach denken. Der „moralische *Terrorismus*" besteht — erstens — in der Vorstellung, das Menschengeschlecht sei „im kontinuierlichen Rückgange zum Ärgeren"[34] begriffen. Der *„Eudämonismus"* oder auch *„Chiliasmus"* behauptet — zweitens — den beständigen Fortschritt zum Besseren. Der *„Abderitismus"* bezeichnet — drittens — die Auffassung, alles bleibe, wie es ist. Die Bemühungen der Menschheit wären dann nichts weiter als ein „bloßes Possenspiel". Zwischen diesen drei Möglichkeiten kann die Erfahrung keine Entscheidung fällen. Der Mensch müßte sich in den „Standpunkt der *Vorsehung,* der über alle menschliche Weisheit hinausliegt",[35] versetzen können. Dieser Standpunkt ist für uns Menschen aber unerreichbar, auch und gerade dann, wenn wir ihn mit unseren Spekulationen betreten möchten. Vor allem können wir die freien Handlungen mit dem Naturgeschehen nicht ineins bringen.

Kant bleibt nicht bei diesen kritizistischen Überlegungen auf Verstandesebene stehen. Seine apriorische Betrachtung will nicht „weissagend" Wissen vermitteln, sondern „vorhersagend" zukünftiges Handeln ermöglichen. Wegen dieser praktischen Absicht hält Kant den Fortschritt für möglich, nicht als Fortschritt der Moralität, sondern als einen der Legalität. Die Fortschrittsidee als regulatives Prinzip kann zwar nicht die Frage nach dem, was sein wird, beantworten. Als Idee kann sie zwar nicht durch Erfahrung „bewiesen" werden, aber durch sie, die Idee selbst, soll bewirkt werden, was dann Gegenstand der Erfahrung wird. Diese Kantische Auffassung kann man als apriorischen Eudämonismus bezeichnen, der sich als praktische Idee, nicht als Prognose versteht. Die Französische Revolution deutet Kant als prognostisches *„Geschichtszeichen"*, das die „moralische Tendenz des Menschengeschlechts" beweisen soll. Genaugenommen ist es nicht die Revolution selbst, sondern die „Denkungsart

---

[34] Ders., Der Streit der Fakultäten, in: Immanuel KANT, Werke, Bd. 11, S. 352f. Dort auch alle folgenden Zitate. Zur Fortschrittsproblematik vgl. Karl JASPERS, Kant (vgl. Anm. 6) 154ff.; Friedrich KAULBACH, Kant (vgl. Anm. 10), S. 290f.; Hans SANER (vgl. Anm. 3), S. 59f. und Walter EUCHNER, Kant als Philosoph des politischen Fortschritts, in: Zwi BATSCHA und Richard SAAGE (Hg.), Materialien zu Kants Rechtsphilosophie, Frankfurt 1976, S. 390ff.

[35] Immanuel KANT, Fakultäten, in: Immanuel KANT, Werke, Bd. 11, S. 356.

der Zuschauer“[36] als allgemeine, öffentlich bekundete Sympathie, „die nahe an Enthusiasm“ grenze und nur eine moralische Anlage als Ursache haben könne.

12. Geschichte und Teleologie

Teleologie kann man als die Lehre von der Zweckmäßigkeit bzw. als die Tendenz, Dinge unter dem Gesichtspunkt der Zweckmäßigkeit zu betrachten, definieren.[37] Im Gegensatz zur kausalen Frage nach dem „Warum“ steht die Teleologie unter der Frage nach dem „Wozu“, nach Sinn und Zweck. Die naturwissenschaftliche Analyse versucht, kausale Zusammenhänge zu ergründen. Daß in der Natur Zweckmäßigkeit herrscht, muß nach Kant als regulatives Prinzip zur Natur „hinzugedacht“ werden. Der Begriff einer Naturabsicht sei „schon für den Erfahrungsgebrauch unserer Vernunft eine schlechterdings notwendige Maxime“.[38] In der „Idee“ überträgt der Kritizist dieses „Hinzudenken“ von Zweckmäßigkeit auf die Geschichte der Menschheit. Der Zweckgedanke selbst kann nicht bewiesen, nur als Mittel unserer Erkenntnis verwendet und so weit verfolgt werden, als die Tatsachen ihm entsprechen. Die Kantische Naturabsicht ist damit nicht von derselben Realität wie die Erscheinungen. Für die reflektierende Urteilskraft gilt auch hinsichtlich der Geschichtsbetrachtung das regulative Prinzip: „Alles in der Welt ist irgend wozu gut; nichts ist in ihr umsonst.“

Der Zweckbegriff, dem keine objektive Bedeutung zukommt, muß auf den Bereich möglicher Erfahrung beschränkt bleiben. Die zwecktätige Natur selbst bleibt damit für uns Menschen unerkennbar. Die Teleologie sagt nichts über die Welt aus, sondern hat nur für ihre Erkenntnisweise Bedeutung. Es geht ihr um das Verstehen, nicht um das Erklären: „. . . schlechterdings kann keine menschliche Vernunft . . . die Erzeugung auch nur eines Gräschens aus bloß mechanischen Ursachen zu verstehen hoffen“.[39] „Mechanisch“ ist hier im Sinne von

---

[36] Ebenda S. 351, 356 und 358.

[37] Vgl Heinrich SCHMIDT, Philosophisches Wörterbuch. Neu bearbeitet von Georgi SCHISCHKOFF, Stuttgart [21]1982, s. v. „Teleologie“; Walter EUCHNER (vgl. Anm. 34), S. 398f.; Karl JASPERS, Philosophie (vgl. Anm. 8), S. 113f.; Klaus REICH, Rousseau und Kant, Tübingen 1936, S. 19ff.; Manfred RIEDEL, Historizismus und Kritizismus: Kants Streit mit G. Forster und J. G. Herder, in: Kantstudien, Bd. 72, 1981, S. 48ff.; Hannah ARENDT (vgl. Anm. 29), S. 23ff.; Karl JASPERS, Kant (vgl. Anm. 6), S. 148f.

[38] Immanuel KANT, Kritik der Urteilskraft § 75, in: Immanuel KANT, Werke, Bd. 10, S. 349f. Das folgende Zitat ebenda S. 328.

[39] Ebenda S. 364.

„natürlich" zu verstehen. Die Betonung in obigem Zitat liegt auf „verstehen" im Gegensatz zu „erklären". Kants Entwürfe der reflektierenden Urteilskraft sollen verstehen helfen, um sein Handeln nach dem Verstandenen auszurichten, und nicht, um zu wissen.

Die Kantische Geschichtsphilosophie versucht, die Frage nach Sinn und Zweck der geschichtlichen Ereignisse zu beantworten. Denn „was hilft's, die Herrlichkeit und Weisheit der Schöpfung" in der Natur zu preisen, wenn Geschichte „ein unaufhörlicher Einwurf" gegen den Sinn in der Schöpfung bleiben soll, „dessen Anblick uns nötigt, unsere Augen von ... [ihr] mit Unwillen wegzuwenden".[40] Die teleologische Geschichtsbetrachtung steht auch unter dem Aspekt der Theodizeeproblematik.

13. Religionsphilosophische Elemente in „Zum ewigen Frieden"

Im europäischen Mittelalter hielt die Idee des christlichen Abendlandes die Hoffnung auf Frieden aufrecht. Die endgültige Friedensverheißung wurde in einer Friedensidee, die man als transzendente bezeichnen könnte, auf die Zeit der Wiederkehr Christi transponiert. Im Zuge der Säkularisierung seit dem späten Mittelalter und der Auflösung der res publica christiana schwand die Hoffnung auf einen christlich fundierten Weltfrieden, und eine Friedensorganisation der souveränen Staaten rückte in den Vordergrund.

Trotz weitgehender Säkularisierung des Kantischen Denkens enthält „Zum ewigen Frieden" wesentlich mehr religiöse bzw. religionsphilosophische Elemente als die Abhandlungen Saint Pierres oder Rousseaus. Die Theorie des radikal Bösen in der Menschennatur, die in den „philosophischen Entwurf" einfließt, stammt aus der religionsphilosophischen „Die Religion innerhalb der Grenzen der bloßen Vernunft". Raumer entdeckt Lutherische Elemente im pessimistischen Menschenbild des Aufklärers, der wie der Reformator überzeugt ist, daß der Mensch, wenn er „unter andern seiner Gattung lebt, *einen Herrn* nötig hat".[41] Christliche Züge trägt der Kantische Pflichtbegriff. An einer Stelle der „Grundlegung zur Metaphysik der Sitten", wo Kant die Versuche, die Ethik im Gefühl zu begründen, ablehnt, verweist er auf das Gebot der Nächstenliebe, vor allem aber auf das

---

[40] Ders., Idee, in: Immanuel KANT, Werke, Bd. 11, S. 49

[41] Ebenda S. 40. Vgl. allg. zu diesem Abschnitt Joachim RITTER (Hg.), Historisches Wörterbuch der Philosophie, Darmstadt 1972, s. v. „ewiger Friede", und Kurt von RAUMER (vgl. Anm. 5), S. 158f. Das folgende Zitat in Immanuel KANT, Frieden, in: Immanuel KANT, Werke, Bd. 11, S. 205.

der Feindesliebe, die nicht als Gefühlsgebote aufgefaßt werden können.

In einer Anmerkung zum ersten Definitivartikel vertritt Kant die in seinen Werken immer wieder erwähnte These, daß die göttlichen Gesetze nur insofern verbindlich seien, „als ... ich dazu selber [mit Hilfe der reinen praktischen Vernunft, G. C.] habe meine Beistimmung geben können". Das Verhältnis zwischen Autonomie und Theonomie, das hier nur am Rande gestreift wird, behandelt Kant unter anderem in der „Kritik der praktischen Vernunft". Wenn uns auch niemand, selbst Gott nicht, moralisch zu etwas verpflichten kann, wenn wir uns nicht selbst dazu verpflichtet wissen, so führt doch das Sittengesetz zur

> ... *Erkenntnis aller Pflichten als göttlicher Gebote, nicht als ... zufällige Verordnungen eines fremden Willens,* sondern als wesentlicher *Gesetze* eines jeden freien Willens für sich selbst, die aber dennoch als Gebote eines höchsten Wesens angesehen werden müssen.[42]

In einer anderen Fußnote meint der Kritizist voller Zynismus, das Volk müsse nach einem Krieg neben dem Dankfest einen Bußtag ansetzen, um den Himmel „um Gnade für die große Versündigung anzurufen", mit dem „barbarischen Mittel des Krieges" sein Recht zu suchen, das dadurch sowieso nicht gefunden werde. Besonders scharf kritisiert er Dankfeste nach einer gewonnenen Schlacht, die mit der „moralischen Idee" Gottes unvereinbar seien und stattdessen einem alttestamentlichen Begriff von einem gewalttätigen Gott huldigten.

Ein weiteres Element von theistischer Religionskritik enthält der dritte Definitivartikel. Kants Groll entlädt sich gegen die europäischen Heuchler, die „von der Frömmigkeit viel Werks machen" und sich in ihrer „Rechtgläubigkeit für Auserwählte gehalten wissen wollen", dabei aber größte Ungerechtigkeiten gegenüber Eingeborenen in Übersee begehen und diese nicht einmal für Unrecht halten. Der Begründer der Transzendentalphilosopie, der somit zwischen zur Schau gestellter Frömmigkeit und Rechtgläubigkeit einerseits und Moralität andererseits unterscheidet, ist überzeugt, daß man Gott nur durch „gute Werke" und dadurch, „daß man ein besserer Mensch werde", gefällig werden könne, also durch moralisches Tun, nicht durch kultische Handlungen und Reden. Echte Religiosität, die bei Kant immer auf Moralität gegründet sein muß, wäre erst dann vor-

---

[42] Ders., Kritik der praktischen Vernunft, in: Immanuel KANT, Werke, Bd. 7, S. 261. Vgl. Arno ANZENBACHER, Einführung in die Philosophie, Linz [2]1982, S. 265. Die folgenden Zitate in Immanuel KANT, Frieden, in: Immanuel KANT, Werke, Bd. 11, S. 213, ebenda S. 216; ders., Über Pädagogik, in: Immanuel KANT, Werke, Bd. 12, S. 756. Vgl. auch ebenda S. 756f., und ders., Die Religion innerhalb der Grenzen der bloßen Vernunft, in: Immanuel KANT, Werke, Bd. 8, S. 842ff.

handen, wenn die eben erwähnten Ungerechtigkeiten gegen die Eingeborenen eingestellt würden.

Entsprechend einer anderen Anmerkung kann es zwar verschiedene historische *„Glaubensarten"* und verschiedene *„Religionsbücher"*, jedoch nur eine einzige, „für alle Menschen und in allen Zeiten gültige *Religion"*[43] geben. Damit meint Kant den dem „Kirchenglauben" entgegengesetzten reinen „Religionsglauben", der auf einer unveränderlichen moralischen Gesinnung beruht und deshalb Anspruch auf Überzeitlichkeit erhebt. Kirchenglauben und Religionsglauben bzw. „historischer" und „vernünftiger" Glaube sind Themen vor allem des dritten und vierten Teils der Religionsschrift.

Besonders humorvoll und typisch umschreibt der Aufklärer wenig später das Verhältnis zwischen Theologie und Philosophie, der nachgesagt wird, sie wäre die Magd der Theologie. Man sehe aber nicht recht, „ob sie ihrer gnädigen Frauen die Fackel vorträgt oder die Schleppe nachträgt". Die Theologie, das impliziert Kant, die noch nicht durch die Vernunftkritik der Transzendentalphilosophie „aufgeklärt" worden ist, der noch nicht gesagt wurde, wo die Grenzen ihrer Erkenntnis liegen, tappt im Finstern „unter bloßen Begriffen" herum. Erst die kritische Philosophie bestimmt mit Hilfe der „Fackel", die das Licht der eigenen Vernunft symbolisieren dürfte, den Bereich möglicher Erkenntnis. Wenn wir die Stelle unter einem historischen Aspekt betrachten, so können wir sagen, daß sich die Philosophie (der Aufklärung), aber auch die Kants, vom Zugriff der Theologie befreit hat, andererseits jedoch noch nicht Magd der Wissenschaften geworden ist, was im 19. Jahrhundert der Fall sein sollte.

Nach dieser eher oberflächlichen Betrachtung der Friedensschrift, die immerhin ergeben hat, daß der Ostpreuße in ihr recht geschickt einige Elemente seiner Religionsphilosophie eingefügt hat, werde ich nachzuweisen suchen, daß der Traktat insgesamt im Zeichen der Theodizeeproblematik steht und die Frage nach der göttlichen Vorsehung eine dominierende Rolle spielt.

---

[43] Ders., Frieden, in: Immanuel KANT, Werke, Bd. 11, S. 225f. Vgl. dazu etwa ders., Die Religion, in: Immanuel KANT, Werke, Bd. 8, S. 762ff., wo es entsprechend lautet, daß es zwar „vielerlei Arten des *Glaubens*" gebe, aber nur *„eine* (wahre) *Religion"* (ebenda S. 768), und Friedrich KAULBACH, Kant (vgl. Anm. 10), S. 256ff. Die folgenden Zitate in Immanuel KANT, Frieden, in: Immanuel KANT, Werke, Bd. 11, S. 228, und ders., Kritik der reinen Vernunft, in: Immanuel KANT, Werke, Bd. 3, S. 24.

14. Theodizeeproblematik und göttliche Vorsehung

Theodizee können wir als den Versuch definieren, Gott hinsichtlich des von ihm zugelassenen Übels und Bösen in der Welt zu rechtfertigen.[44] Um eine „*Rechtfertigung* der Natur — oder besser der *Vorsehung*" geht es Kant in der „Idee zu einer allgemeinen Geschichte in weltbürgerlicher Absicht". Denn es nütze nichts, die „Herrlichkeit und Weisheit der Schöpfung" zu loben, wenn die menschliche Geschichte selbst, die ein Konglomerat aus „Torheit, kindischer Eitelkeit, ... Bosheit und Zerstörungssucht" darstelle, jeden nachdenklichen Menschen zum Verzweifeln bringe. Die Theorie der ungeselligen Geselligkeit und die des Wirkens der Naturabsicht stellen den Lösungsvorschlag für die Theodizeeproblematik dar. Sie kehrt im Traktat „Zum ewigen Frieden" wieder. Die Vorsehung sei zwar gerechtfertigt, was die Menschen betrifft, da sie verdient haben, was sie durch das Unheil der Kriege erleiden. Die Antwort auf die Frage des „politischen Moralisten", warum denn überhaupt „ein solcher Schlag von verderbten Wesen ... hat auf Erden sein sollen", fällt der Theodizee schon wesentlich schwerer. Kant gibt keine Antwort, sondern bietet eine Auflösung im Sinne des Kritizismus. Eine Beantwortung würde einen „Standpunkt der Beurteilung" voraussetzen, der für unsere menschliche Vernunft „viel zu hoch" wäre. In dem Aufsatz mit dem bezeichnenden Titel „Über das Mißlingen aller philosophischen Versuche in der Theodizee", vier Jahre vor der Friedensschrift veröffentlicht, wird die Kompetenz der Vernunft schlechthin bestritten, Gott gegen die Zweifel zu rechtfertigen, die nun aus dem Lager des Theismus oder Atheismus kommen mögen. Denn die Vernunft sei „zur Einsicht des *Verhältnisses*" zwischen der Welt und „*der höchsten Weisheit* ... schlechterdings unvermögend".[45] Die Abhandlung über die Theodizee wiederholt den theoretischen Agnostizismus der ersten Vernunftkritik.

Am Beginn der Garantieerklärung des ewigen Friedens ist Kant nicht ganz sicher, ob er von einer *„Natur"*, die die reflektierende Urteilskraft als „Künstlerin" anspricht, einem *„Schicksal"*, oder, wenn man den Gedanken einer weisen Leitung des Weltlaufs ausdrücken will, von der *„Vorsehung"* sprechen soll. Er entscheidet sich schließlich für den Begriff der Natur, den er für ehrlicher und *„bescheidener"*

---

[44] Vgl. Heinrich SCHMIDT (vgl. Anm. 37), s. v. „Theodizee". Die folgenden Zitate in Immanuel KANT, Idee, in: Immanuel KANT, Werke, Bd. 11, S. 49 und 34, sowie ders., Frieden, in: Immanuel KANT, Werke, Bd. 11, S. 243.

[45] Ders. Über das Mißlingen aller philosophischen Versuche in der Theodizee, in: Immanuel KANT, Werke, Bd. 11, S. 114. Die folgenden Zitate in ders., Frieden, in: Immanuel KANT, Werke, Bd. 11, S. 217 und 219.

hält als den der Vorsehung, deren Absichten wir noch weniger erkennen könnten. In einer langen Anmerkung vertritt der Aufklärer zwar den kritizistischen Standpunkt, daß die göttliche Vorsehung unerkennbar sei, hält jedoch den „Begriff eines göttlichen *Beitritts*“ in praktischer Absicht für notwendig. Die Tatsache, daß Kant im Gegensatz etwa zu Karl Marx Theist war, spricht dafür, er habe mehr von der Weisheit Gottes als dem „blinden“ Walten der Natur für die Garantie des ewigen Friedens gehalten. Er dürfte sich bewußt gewesen sein, daß sein Naturbegriff beinahe ebenso spekulativ ist wie der einer göttlichen Vorsehung, wobei ersterer als säkularisiertes Surrogat der göttlichen Providenz angesehen werden kann.

Trotzdem ist die Kantische Friedensidee keine theologisch-transzendente, sondern eine transzendentale-immanente. Eine Kritik, die sie zu einer „säkulartheologischen“, „metaphysisch-eschatologischen“ umdeuten und vielleicht noch mit der als fragwürdig bezeichneten „Postulatenmetaphysik“[46] in Zusammenhang bringen möchte, vergißt, daß die Gedanken des Ostpreußen zwar oft mit Hinweisen auf das Übersinnliche und die Transzendenz enden, aber nicht bei diesen anfangen. Mit Karl Jaspers können wir das Verhältnis zwischen Frieden und Glauben etwa folgendermaßen bestimmen. Die Grenzen des geschichtsphilosophischen und politischen Denkens bei Kant liegen im Wesen der Vorsehung bzw. Naturabsicht, die nicht erkannt werden kann, im Charakter der Entwürfe, diese Absicht zu denken, und in der konkreten historischen Situation, in der es im ganzen keine Vollendung gibt. An der Grenze aber „bleibt überall das Geheimnis“. Der in sich nicht vollendbare Geschichtsprozeß kann nicht der Endzweck der Menschheit sein, er steht unter einer Bedingung, die ihm übergeordnet ist. „Die Geschichte ist nicht die Gottheit“.

15. Krieg und Frieden

Kants Aussagen über den Krieg divergieren beträchtlich.[47] Kampf und Krieg sieht er — erstens — als Mittel der Natur und hält sie für nützlich für den Fortschritt der Kultur. Die These, daß Kampf und Krieg nicht unbedingt und nicht in jedem Sinn verwerflich seien, stellt eine spekulativ erdachte Anthropodizee dar, die zum Leitfaden für Entdeckungen werden könnte. Eine ähnliche „Rechtfertigung“

---

[46] Hermann TIMM (vgl. Anm. 12), S. 221 ff. Die folgenden Zitate in Karl JASPERS, Kant (vgl. Anm. 6), S. 188 und 158.

[47] Vgl. allg. Hans SANER (vgl. Anm. 3), S. 24 ff., 35 ff., und Hannah ARENDT (vgl. Anm. 29), S. 72 ff.

des Krieges finden wir in der „Idee“ und in der Friedensschrift. Diese Einsichten der ästhetischen und reflektierenden Urteilskraft, wo der Krieg als Träger des Fortschritts erscheint, haben keine Folge für das moralische Handeln, für das das Gebot „Es soll kein Krieg sein“ gilt.

Der Krieg wird — zweitens — einerseits als Rechtsersatz und insofern „rechtmäßig“, andererseits als eigentlicher Rechtsbrecher, der alle Verfassung zerstöre, gesehen. Den Krieg bezeichnet Kant — drittens — zunächst als „etwas Erhabenes“, das die „Denkungsart des Volks“[48] erhebe, die Tugend erhalte und die Bedingung der Moralität, die Freiheit, sichere. Im Gegensatz dazu wird er auch der „Zerstörer alles Guten“, „das größte Hindernis des Moralischen“ genannt, gegen den die Vernunft „ihr unwiderstehliches Veto“ ausspricht, daß kein Krieg sein solle.

Diese einander widersprechenden Aussagen, vor denen ein fixierendes Denken verzweifeln muß, zeigen, daß Kantisches Denken dynamisch ist und philosophische Begriffe nicht für absolut bestimmbar hält. Die Kantische Denkungsart will das Bestimmbare, das sie bestimmt, nie in einem endgültigen Sinn für fixiert halten, sondern weiß um die Endlosigkeit der relativen philosophischen Erkenntnis und die Unmöglichkeit einer absoluten.

Es wäre unsinnig, den Krieg zu wünschen, um der Naturabsicht im Ganzen, die Kant bloß spekulativ ergründet, zu dienen. Er gibt unmißverständlich seiner Haltung Ausdruck, daß es für die Vernunft Pflicht sei, unter der Idee des ewigen Friedens als Mensch und nicht als Vorsehung zu handeln.

Was den Frieden anbetrifft, so lehnt der Kritizist die Universalmonarchie ab, deren Despotismus alle Kräfte „auf dem Kirchhofe der Freiheit“[49] schwäche, sowie das Modell der Balance of Powers, des Gleichgewichts der Mächte, das er als „Hirngespinst“ bezeichnet, weil die Balance schon bei der geringsten Belastung oder Veränderung in sich zusammenstürze.

Das Kantische Friedensmodell könnte man als „Friede in Recht und Freiheit“ bezeichnen. Kant ist kein Pazifist in dem Sinn, daß er den Frieden um jeden Preis will. Er verwirft Friedensformen, die der Gewalt, dem Glücksbedürfnis, dem Ruhebedürfnis entspringen. Sie

---

[48] Immanuel KANT, Kritik der Urteilskraft, in: Immanuel KANT, Werke, Bd. 10, S. 187; ders., Gesammelte Schriften (vgl. Anm. 1), Bd. 7, S. 91 und 93, ders., Die Metaphysik der Sitten, in: Immanuel KANT, Werke, Bd. 8, S. 478. Vgl. vor allem Hans SANER (vgl. Anm. 3), S. 33ff., und Karl JASPERS, Philosophie (vgl. Anm. 8), S. 166f.

[49] Immanuel KANT, Frieden, in: Immanuel KANT, Werke, Bd. 11, S. 226. Das folgende Zitat in ders., Über den Gemeinspruch: Das mag in der Theorie richtig sein, taugt aber nicht für die Praxis, in: Immanuel KANT, Werke, Bd. 11, S. 172. Vgl. allg. zu diesem Abschnitt Hans SANER (vgl. Anm. 3), S. 275ff., 280, 339, 329ff.

orientieren sich am Glück der Rinder und Schafe und sind der Menschheit unwürdig. Der Kantische Friede, der in größtmöglicher Freiheit das Recht ausbreiten will, ist eine regulative Idee, dem keine geschichtliche Anschauung voll entspricht oder entsprechen wird. In der Rangordnung steht der Wert des Friedens, als Waffenstillstand und Aufschub der Feindseligkeiten verstanden, unter dem der Freiheit, des Rechts und der Vernunft. Die Idee des Friedens kann man nicht in die Wirklichkeit verpflanzen, sondern nur die Wirklichkeit in einem unendlichen Prozeß ihr annähern. Der ewige Friede ist immer mit einer lebendigen Freiheit und einem intakten Rechtsbewußtsein verknüpft. Auch Völkerrecht, Weltparlament und Weltgerichtshof können den Frieden nicht endgültig sichern, sondern nur so lange erhalten, als er durch Freiheit und Rechtsbewußtsein neu erkämpft wird.

Der Personalcomputer als Hilfsmittel der wissenschaftlichen Arbeit

Von

GERNOT KOCHER

I.

Wissenschaftliche Arbeit ist, wie Anfänger, aber auch Fortgeschrittene oft feststellen müssen, nicht nur eine Frage des „Wissens" und „Wollens", sondern — und dies nicht zuletzt — eine Frage der Organisation. Für den Außenbereich, etwa die Literatursuche in Bibliotheken oder die Quellenforschung in Archiven, ist die Organisation durch Kataloge, Regesten und sonstige Nachschlagewerke eine Selbstverständlichkeit, über die man kaum nachdenkt. Anders ist es im Eigenbereich, wo der Forscher Art und Ausmaß der Organisation seiner Arbeit selbst bestimmt. Man muß dabei nicht unbedingt 50.000 gedruckte Quellenseiten oder 5000 Gerichtsakten samt den zugehörigen Protokollen (insgesamt etwa 60.000 halbbrüchig beschriebene Seiten) bearbeitet haben, um zur Erkenntnis zu gelangen, daß man bei der wissenschaftlichen Arbeit gewisser Hilfsmittel bedarf, deren Fehlen in jedem Stadium der Arbeit unnötig Zeit und Energie kosten kann. Spätestens dann, wenn man einem Aufsatztitel oder einer Quellennotiz lange Zeit und ergebnislos nachgespürt hat, dringt die Erkenntnis durch, daß ein häufiges Argument gegen die Organisation wissenschaftlicher Arbeit, der ad hoc oft enorm anmutende Zeitaufwand, nicht gerechtfertigt ist. Welche der herkömmlichen Hilfsmittel zur Organisation des wissenschaftlichen Eigenbereiches herangezogen werden, ein einfaches Heft, ein einfacher Zettelkasten oder eine aufwendigere Kartei, wird neben der inneren Einstellung des Forschers zu solchen Fragen wohl auch davon abhängen, was und wieviel bewältigt werden soll.

Vor diesem Hintergrund ist die Überlegung zu sehen, wieso, trotz der technischen und preislichen Entwicklung auf dem Sektor der Home- und Personalcomputer, diese Geräte noch nicht zu den „üblichen Hilfsmitteln" im organisatorischen Eigenbereich des einzelnen Wissenschafters zu zählen sind. Unter den vielen Gründen, die hier anzuführen wären, soll einem besonderes Augenmerk gewidmet werden: Der mangelnden Information über die Möglichkeiten, die der Einsatz eines Personalcomputers im persönlichen Arbeitsbereich eines Geisteswissenschafters bieten kann. Man ist hier einerseits noch zu sehr vom Gedanken des großen, unhandlichen Computers gefesselt, der Massendaten verarbeitet, und übersieht dabei die heutigen individuellen Einsatzmöglichkeiten. Anderseits liegt es auch an der Anbieterseite von Geräten und Programmen, die sich bislang mehr um technisch oder wirtschaftlich orientierte wissenschaftliche Arbeitszweige gekümmert haben.

Die Frage, was der Personalcomputer für den einzelnen Wissenschafter bringen kann, wird von folgenden Überlegungen getragen: Ansatzpunkte einer möglichen Hilfestellung sind: 1. Die Literatur (Evidenthaltung eigener Notizen über einschlägige Literatur sowie eigener Bücher- und Separatabestände). 2. Die Verwaltung wissenschaftlicher Notizen. 3. Das Erstellen wissenschaftlicher Manuskripte. 4. Der Einsatz im Lehrbetrieb. Völlig außer Acht bleibt hier der mögliche Anschluß an ein Rechenzentrum beziehungsweise der mögliche Zugriff auf Datenbanken. Das ginge über den persönlichen Arbeitsbereich hinaus, der Personalcomputer soll hier wirklich nur als individuelles Hilfsmittel, als Ersatz von Heft, Zettelkasten oder Kartei betrachtet werden. Nicht unerwähnt bleiben soll der stark persönlich gefärbte Blickwinkel dieses Beitrages. Es handelt sich ausschließlich um eigene Erfahrungen, die auf dem Weg über einen einfachen Homecomputer bis zum stationären und tragbaren Personalcomputer mit größtenteils „selbstgestrickten“ Programmen gemacht wurden.

II.

Unerläßlich für eine vernünftige Beantwortung der Frage nach der Funktion des Personalcomputers als Hilfsmittel ist eine minimale Gerätekunde. Grundsätzlich besteht ein Personalcomputer aus einer Zentraleinheit, die den Arbeitsspeicher und eine oder mehrere Massenspeichermöglichkeiten zur Ablage von Daten und Programmen enthält. Dazu gehört eine Tastatur zur Kommunikation mit dem Gerät sowie ein Bildschirm, damit Ein- und Ausgabeoperationen sichtbar gemacht werden können. Dazu sollte aber auch — und dies ist nicht genug zu unterstreichen — ein Drucker gehören, der die Möglichkeit bietet, jederzeit etwas nicht nur auf dem Bildschirm, sondern auch auf dem altgewohnten Trägermedium, auf dem Papier zu sehen („hardcopy“). Die technische Entwicklung der letzten Jahre hat es übrigens möglich gemacht, noch ein grundsätzliches Unterscheidungskriterium hinzuzufügen, nämlich ob der Personalcomputer stationär oder tragbar ist. Es liegt auf der Hand, daß ein tragbares Gerät die Einsatzmöglichkeiten wesentlich erhöht: Man ist nicht an einen bestimmten Arbeitsplatz gebunden, kann auch in Archiven und Bibliotheken von diesem Hilfsmittel Gebrauch machen. Vorsicht ist allerdings insoferne geboten, als es nur wenige echte „Aktentaschencomputer" mit der Leistungsfähigkeit eines Personalcomputers und den in eine Aktentasche passenden Abmessungen gibt. Die meisten sogenannten „portablen" Geräte sind in Gewichtskategorien von 10—15 kg und mit Abmessungen, die mit einer Aktentasche nichts mehr gemein haben.

Für die einzelnen Komponenten gelten folgende Überlegungen: Für die Zentraleinheit ist die Frage der Arbeitsspeichergröße von entscheidender Bedeutung: Danach bestimmt sich nämlich, welche Datenmengen direkt im Speicher gehalten und dort bearbeitet werden können. Das ist deshalb wichtig, weil der Speicher die schnellste Zugriffsmöglichkeit bietet. Von der von den Anbietern angegebenen Arbeitsspeicherkapazität muß in der Regel noch ein nicht unbeträchlicher Teil für eine allfällige Programmiersprache sowie das Programm selbst abgezogen werden. Als einfache Faustregel zur Orientierung für Speicherkapazitäten kann man annehmen, daß rund 2000 Byte (2 kB) ungefähr einer Maschinschreibseite entsprechen (33 Zeilen zu 60 Anschlägen). Der Massenspeicher in der Zentraleinheit hat den Zweck, größere Datenmengen für einen späteren Zugriff bereit zu halten, da ja der Arbeitsspeicher begrenzt ist. Es gibt heute zwei hauptsächliche Möglichkeiten des Massenspeichers: Entweder Disketten (austauschbare, dünne, magnetisch beschichtete Scheiben) mit einer Speicherkapazität bis zu maximal 1 Million Byte (1 MB) oder eine Harddisk (fest eingebaute Magnetspeicherplatte) mit Kapazitäten bis zu 50 MB. Die Zugriffszeit auf die Harddisk ist wesentlich kürzer als auf die Diskette. Häufige Ausstattungsvarianten sind entweder zwei Diskettenlaufwerke oder ein Diskettenlaufwerk und eine Harddisk — das Diskettenlaufwerk hat hier vorwiegend Datensicherungsfunktion.

Beim Bildschirm ist vor allem auf hohes Auflösungsvermögen zu achten (die Zahl der Punkte, aus denen sich ein Buchstabe zusammensetzt, soll möglichst hoch sein), dadurch wird die Lesbarkeit erhöht. Ideal ist ein Bildschirm mit schwarzer Schrift auf weißem Grund, weil hier die Nähe zum herkömmlichen Schriftträgermedium Papier am besten gewahrt erscheint.

Beim Drucker gibt es verschiedene Möglichkeiten: Matrixdrucker, Inkjet-Drucker, Thermodrucker, Laserdrucker und Typenraddrucker. Wenn man keine besonderen Ambitionen hat, erfüllt jeder dieser Drucker seinen Zweck, der Matrixdrucker ist allerdings etwas lauter als die anderen, dafür aber am kostengünstigsten. Der

Laserdrucker ist bisher noch in Preiskategorien angesiedelt, die einer Individualnutzung im Wege stehen.

III.

Die organisierte Verwaltung wissenschaftlicher Literatur, gleichgültig, ob es sich um den Fundus für ein Arbeitsprojekt, die eigene Bibliothek oder eine Separatasammlung handelt, bedarf, um im Rahmen des Computereinsatzes über den Effekt einer normalen Kartei hinauszukommen, gewisser Vorarbeiten. Diese können unter Umständen schon im Rahmen einer gut organisierten Literaturkartei erfolgt sein. In der Regel hat man sich aber wahrscheinlich bisher doch nur mit einer alphabetischen Reihung der Autoren begnügt, ohne irgendwelche sachlichen Gesichtspunkte einzubringen, schon um der bei einer einfachen Beschlagwortung notwendigen Doppelanlage der Kartei (alphabetisierte Autoren- und Schlagwortkartei) auszuweichen. Die mit Hilfe von Terminreitern mögliche sachliche Auszeichnung einer Autorenkartei ist — nach eigenen Erfahrungen — äußerst mühsam, vor allem dann, wenn man eine breit gestreute sachliche Gliederung realisieren möchte.

Die sachliche Aufbereitung einer Literaturkartei für den Computer könnte bei geringen sachlichen Anforderungen zumindest in einer Beschlagwortung bestehen, die aber bei der Speicherung den Nachteil eines hohen Platzbedarfes (im Arbeits- und Massenspeicher) sowie der aufwendigeren Eingabe hat. Außerdem entbindet auch die Beschlagwortung nicht von vorhergehenden systematisierenden und schematisierenden Überlegungen, um die Gleichmäßigkeit der Beschlagwortung zu erreichen und zu erhalten, da sonst später eine sachlich orientierte Suche nicht möglich ist. Platzsparender, schneller als umständliche Stichworte einzugeben und auf jeden Fall besser bei vielen zu berücksichtigenden sachlichen Gesichtspunkten ist ein aus einer Zahlen- und Buchstabenkombination bestehender Code. Bei entsprechendem Aufbau lassen sich auch leicht nachträgliche Ergänzungen, die bei Änderungen in der wissenschaftlichen Zielsetzung im Laufe der Jahre immer wieder nötig werden, durchführen. Zu beachten ist grundsätzlich, daß eine zu detaillierte sachliche Gliederung des Codes nur bedingte Vorteile bringt. Besser ist eine grobe Rasterung, die bei konkreten Arbeitsvorhaben dann verfeinert wird. Die grobe Rasterung trägt auch den Umständen Rechnung, daß nicht wenig Literatur (Separata, Zufallsfunde in Verlagskatalogen) vorerst einmal nur nach dem Titel sachlich bewertet werden kann.

Als Beispiel soll hier eine schon in Verwendung stehende Codeliste zur Rechtsgeschichte dienen. Der grobe Raster sieht folgendermaßen aus:

AA—AL zeitliche Zuordnungen
BA—BZ territoriale Zuordnungen
A Rechtsgeschichte allgemein
B Interdisziplinäre Bereiche und Sonderprivatrecht
C Quellen
D Der Jurist
E Verfassungsgeschichte
F Verwaltungsrechtsgeschichte
G Behördenorganisation und Verfahren
H Entwicklung der Rechtswissenschaft (Schulen)
I Privatrecht - allgemeiner Teil
J Privatrecht - Personenrecht
K Privatrecht - Sachenrecht
L Privatrecht - Schuldrecht
M Strafrecht (materiell)
N Besondere Arbeitsvorhaben

Aus den sich mit den Untergliederungen ergebenden rund 300 Zuordnungskriterien werden folgende Beispiele gebracht:

AA altorientalisch, AB griechisch, AC römisch, AD spätantik, AE Merowinger, AF Karolinger, AG 1000—1250, AH 1250—1500, AI 1500—1648, AJ 1648—1848, AK 1848—Gegenwart, AL mehr als 3 Perioden.

BA außereuropäische Länder, BB Beneluxstaaten, BD Deutsches Reich seit 1871, BF Frankreich, BI Italien, BO Österreich, BR Hl. Römisches Reich, BS Schweiz, BK keine Zuordnung, BN Nordeuropa, BG England, BE übriges Europa, BA außereuropäisch.

A01 Lehr- und Handbücher
A02 Bibliographien
A03 Wörterbücher
A04 EDV
A05 Methodenfragen
A06 Biographien und Festschriften
A07—A00 noch frei

B01 Rechtsarchäologie und rechtliche Volkskunde
B0101 Realien
B010101 Stab
B010102 Tiersymbolik
B010103 Farben
usw.

B0102 Gebärden
B0103 Sonstige formelle Handlungen
 B010301 Prozeß
 B010302 Rechtserwerb
 B010303 Strafvollzug
 B010304 Ehe + Statuswechsel
 B010305—00 noch frei
B02 Volkskunde
B03 Germanistik
B0301 Rechtssprache
B0302—00 frei
B04 Wirtschafts- und Sozialgeschichte
B05 Altes und Neues Testament
B06 Sonderprivatrecht
B0601 Kirche
B0602 Handelsrecht
B0603 Militär
B0604—00 frei
B07 Kunstgeschichte
usw. bis B00

E01 Verfassungsgeschichte allgemein
E0101 Gesamtdarstellungen
E0102 Territoriale Sonderfragen
E0103 Stadtverfassung
E0104 Dorfverfassung
E0105 Herrschafts- und Staatstheorien
E0106—00 frei
E02 Herrscher
E0201 König-Kaiser
E0202 Landesfürst
E0203 Papst, Metropolit
(jede dieser Kategorien von E0201—E0203 kann durch folgenden Code weiterbestimmt werden:)
 E0201 01 Nachfolge allgemein
 E0202 02 Wahl und Krönung
 E0203 03 frei
 04 Herrschafts- u. Staatssymbolik
 05 Herrschaftsausübung
 01 Gesetzgebung
 02 Oberster Richter
 03 Friedenswahrer
E03 Regierungsgewalt (mit weiterer Unterteilung)

E04 Gesetzgebung (mit weiterer Unterteilung)
E05 Trennung von Justiz und Verwaltung
E06 Rechtsprechung (mit weiterer Unterteilung)
E07 Zwischenstaatliche Beziehungen
E08 Kurie
E09 Kirche und Staat
E00 Verfassungsgeschichtliches Bildmaterial

L01 Vertragswesen allgemein
L02 Zahlungsverkehr, Darlehen, Bank
L03 Vertragssicherung
L04 Schadenshaftung
L05 Besondere Rechtsgeschäfte
L0501 Kauf
L0502 Stiftung, Schenkung
L0503 Arbeits- und Dienstvertrag
L0504-00 frei
L06 Versicherungswesen, Sozialversicherung
L07 Leistung aus Vertrag (Streit)
L08—L00 frei

Allgemein gilt. Der 00-Code ist jeweils jener Literatur vorbehalten, die auch Bildmaterial zum betreffenden Themenbereich beinhaltet. Der einfache 0-Code (z. B. L0) bedeutet die gröbste Zuordnung zu einer Sachkategorie.

Codierungbeispiel an Hand eines kompletten Datensatzes:
OGRIS WERNER
LANDESFUERST UND STRAFRECHTSPFLEGE IM ABSOLUTEN STAAT
ZESZYTY NAUKOW UNIWERSYTETU JAGIELLONSKIEGO CCCCXI
KRAKAU 1976
148 (=SEITE FF.)
S. 57 (=SEPARATA-SIGNATUR)
AJAKBOE020205E06G0902M01

Die Eingabe erfolgt auf dem Bildschirm an Hand einer simulierten Karteikarte, die sämtliche notwendigen Angaben anfordert. Eingaben sollen prinzipiell wegen der späteren Lesbarkeit nur in Großbuchstaben erfolgen. Allfällige Wortkürzungen, speziell in einem zu langen Titel (es stehen 140 Zeichen zur Verfügung) sollten nach einheitlichen Gesichtspunkten erfolgen, falls man später einmal ein Schlüsselwort aus dem Titel suchen will. Wenn ein Werk fertig eingegeben ist, können vor der endgültigen Ablage im Massenspeicher noch einmal alle einzelnen Bereiche der Karteikarte korrigiert werden. Vorgesehen ist neben der Eingabe des Codes auch eine allfällig vorhandene Signatur. Nicht vorgesehen, aber machbar wäre auch die Eingabe etwa einer begrenzten Bemerkung über das Werk, von Vermerken über erfolgte Kopien oder sonstiges.

Die Suche kann sich prinzipiell über sachliche Gesichtspunkte hinaus auf alle Bereiche des gespeicherten Werkes erstrecken: Autor, Titel, Reihe oder Zeitschrift, Ort, Jahr und Signatur. Eine sachbezogene Suche ist nicht nur mit Hilfe des Codes möglich, sondern auch durch ein Schlüsselwort, dessen Vorkommen dann in jedem Titel geprüft wird (etwa „GRAZ" bei der Suche nach Arbeiten über die Stadt Graz). Bei der sachorientierten Suche mit dem Code können mehrere Kriterien sofort miteinander kombiniert werden (Vertragswesen im 18. Jh. — Eingabe „AKL01"). Die Ausgabe der gefundenen Titel kann sofort auf dem Drucker erfolgen oder mit einem Signalton kombiniert auf dem Bildschirm mit der Zusatzfrage, ob ein Ausdruck von diesem Titel erwünscht ist oder nicht. Eine interessante Variante ist die Ablage sämtlicher gefundenen Titel in einer eigenen Datei, aus der man dann wieder nach den verschiedensten sachlichen Gesichtspunkten Titel heraussieben kann. Man läßt sich z. B. sämtliche Werke mit dem Sachcode Frau („J02") heraussuchen und in einer Datei fix ablegen und holt sich dann daraus die Literatur zu gerade aktuellen Sonderfragen. Möglich ist auch, generell eine ganze Literaturdatei auf dem Bildschirm durchzusehen und die relevanten Titel auf dem Drucker oder in eine eigene Datei auszugeben, ein Verfahren, das wesentlich schneller ist als jede Suche in einem Karteikasten — und auch jede direkte Notiz erübrigt. Das Ergebnis kann man sich dann auf dem Papier in gleicher Form wie die Karteikarte auf dem Bildschirm ausdrucken lassen.

Vom Programm her gesehen handelt es sich bei den Literaturdateien um sequentiell ohne Zwischenlagerung und Bearbeitung im Arbeitsspeicher von Disk auf Disk geschriebene Dateien, die keine Probleme mit der Datensatzlänge haben und somit auch die Speichermedien gut ausnützen. Gerade bei der Verarbeitung von Literatur sind Titel von sehr unterschiedlicher Länge zu verarbeiten. Das würde bei der vorgesehenen Maximallänge von 140 Zeichen pro Titel zu unnötigen Platzverschwendungen auf Speichermedien führen. Die einzelnen Dateien umfassen jeweils ungefähr 20 k, damit ist eine nachträgliche Bearbeitung der sequentiellen Datei leicht möglich. Bei der Suche ist das Programm so ausgelegt, daß es selbständig nacheinander alle Dateien aufruft und durchsucht.

Einen etwas anderen Weg geht die Evidenthaltung der rund 14.000 Diapositive zum Themenbereich „Bild und Recht". Hier ist der Sachcode auf rein alphabetischer Grundlage aufgebaut. Es ist dies eine Methode, die ohne weiteres auch auf den Literaturbereich umgesetzt werden kann. Sie ist bei der Codierung besonders angenehm, weil durch die alphabetische Ordnung der Stichworte sofort Anhaltspunkte zur Zuordnung vorhanden sind. Die weitere Untergliederung der Stichworte erfolgt dann wieder durch Zahlen. Ein Beispiel, der Buchstabe „G" soll dies verdeutlichen:

G01 Galgen
G02 Gebärden
G0200 Gebärden ohne nähere Zuordnung
G0201 Abwehr, Unschuld, Verneinung
G0202 Besitzergreifung
G0203 Demut, Unterwerfung, Fußkuß
G0204 Trauer
G0205 Gebot, Befehl
G0206 Zustimmung, Beifall
G0207 Segen
G0208 Rede, Diskussion, Gebärde im Prozeß
G0209 Vernehmung
G0210 Abführung, Vorführung, Schultergriff
G03 frei
G04 Gefängnis
G05 Gerechtigkeitsbild
G06 Gerichtsgebäude
G07 Gerichtsplatz
G08 Gerichtsraum
G09 Gerichtsschwert
G10 Gerichtssitzung
G11 Gerichtstyp (01 Königsgericht, 02 Reichsgericht, 03 Landesfürstl. Gericht, 04 Stadtgericht, 05 Dorfgericht, 06 grundherrschaftl. Gericht, 06 Lehengericht, 07 Schiedsgericht, 08 andere Sondergerichte)
G12 Gerichtszeichen
G13 Gesetzgeberischer Akt, Weistum
G14 Gerichtstisch
G15 Glocken
G16—19 frei
G20 Grabsteine
G21 Grenzen

Diese Methode erscheint besonders zur Auswertung von Rechtsquellen, zu denen ja auch die Bilder zu zählen sind, geeignet. Das programmtechnische Verfahren ist dasselbe wie bei der Literatur: Die Eingabe erfolgt an Hand einer Bildschirmkarteikarte. Die Suche kann sowohl sachorientiert als auch im Hinblick auf andere Informationen, wie Künstler, territoriale Zuordnung, Fundort und Datierung erfolgen. Zusätzlich zum Sachcode hat sich hier die Möglichkeit der Eingabe von markanten Stichworten (bis zu 3 Zeilen = 210 Zeichen) sehr bewährt, da man damit ohne Codeentschlüsselung sofort einen grundsätzlichen Hinweis auf den Gehalt des Bildes bekommt. Hier noch mehr als bei der Literatur hat sich das Suchverfahren bewährt, das eine größere Gruppe in eine separate Datei ablegt, aus der man dann unter Eingabe neuer Gesichtspunkte spezielle Bildgruppen heraussieben kann. Die Ausgabe erfolgt auf dem Bildschirm oder Drucker je nach Wahl im Karteikartendruck oder in einer einfachen, zeilenorientierten Form. Für die nachträglichen Korrekturen, die bei Quellen häufiger als bei der Literatur notwendig erscheinen, hat sich ein Korrekturprogramm bewährt, bei dem jede einzelne Komponente des Dias aufgerufen und geändert werden kann. Für die dateimäßige Behandlung gelten dieselben Grundsätze wie bei der Literatur.

IV.

Ein besonderes Kapitel ist die Organisation der wissenschaftlichen Notizen, die beim Verarbeiten von Quellen und Literatur anfallen. Fast jeder Wissenschafter entwickelt hier eigene Methoden, die ihn allerdings nicht davor bewahren, Unmengen vollgeschriebener Notizzettel oder Hefte zu sammeln, die man bei der Bearbeitung eines neuen Themas oft gar nicht mehr oder doch nur lückenhaft heranzieht, weil es einfach zu mühsam und zeitraubend ist. Hier kann einerseits der Computer sehr viel helfen, anderseits ist die Umstellung vom Medium Papier auf das Medium Bildschirm oder Flüssigkeitskristallanzeige (bei tragbaren Computern) besonders schwer. Einen Sinn hat die Umstellung aber nur dann, wenn man sofort beim Durcharbeiten die Notizen per Computer speichert — eine „Zwischennotiz auf Papier“ und späteres gesammeltes Eintippen führt binnen kürzester Zeit zu enormen Rückständen und bedeutet klarerweise keine Vereinfachung, sondern eine Verdoppelung der Arbeit. Ein echter tragbarer Computer erweist sich in diesem Fall als besonders gut, wobei man allerdings eine spezielle Arbeitstechnik (Buch und Computer nebeneinander) entwickeln muß.

Die Eingabe der Notizen erfolgt mit Hilfe eines fest ablaufenden Schemas, das der Reihe nach Autor, Kurztitel, Seite, Code, Schlagwort und maximal 10 Zeilen Text verlangt. Ist eine Notiz ausnahmsweise länger, so muß eben ein zweiter Datensatz angelegt werden. Da man meist mehrere Notizen hintereinander aus demselben Werk hat, so sieht das Programm die Möglichkeit der einfachen Wiederholung der Informationskomponenten vor: Vom Autor bis zum Schlagwort bewirkt die Eingabe des Zeichens „<“ die Wiederholung der schon bei der vorhergehenden Notiz eingegebenen Information, wobei einzelne Teile geändert oder angefügt werden können (etwa beim Code). Es empfiehlt sich, nicht zu viele Informationen in eine solche Notiz zu packen und lieber zwei an Stelle eines Datensatzes anzulegen. Die sachliche Codierung der Notizen erfolgt nach demselben Code wie bei der Literatur — diese Gleichheit hat sich als durchaus zweckmäßig und ökonomisch erwiesen. Programmtechnisch erfolgt die Ablage wiederum, wie bei der Literatur, als sequentielle Datei, damit stehen maximal 10 Zeilen zur Verfügung, ohne daß bei weniger Zeilen unnötig Platz belegt wird.

Die Auswertung der Notizen erfolgt nach ähnlichen Gesichtspunkten wie bei der Literatur. Die Suche ist sachbezogen an Hand des Codes oder mit Hilfe des allerdings nicht systematisierten Schlagwortes möglich, aber auch Autor und Kurztitel könnten gesucht werden. Noch mehr als bei der Literatur hat sich die Möglichkeit bewährt, einen größeren Themenkomplex mittels Code suchen und in einer eigenen Datei zwecks Weiterverarbeitung ablegen zu lassen. Die Weiterverarbeitung kann dabei wieder durch Code-Suche oder visuell auf dem Bildschirm erfolgen. Die passenden Notizen können dann entweder sofort ausgedruckt oder wieder in einer neuen Detaildatei abgelegt werden. Zusätzlich kann man auch für die Zusammenstellung von Fußnoten Seite und Fußnotenummer beim Code dazu vermerken und abspeichern lassen. Nach Beendigung der Material- oder Quellendurchsicht lassen sich dann die Fußnoten nach Seite und Nummern sortiert zur weiteren Bearbeitung wiedergeben. Auf diese Weise könnten etwa die Fußnoten zu jeder Seite wieder als eigene Datei angelegt und bei Bedarf auch weiter ergänzt werden.

Allgemein darf hiezu bemerkt werden, daß man sich bei der Verwertung wissenschaftlicher Notizen nur schwer vom gewohnten Medium Papier losreißen kann. Man sollte sich auf jeden Fall angewöhnen, die verwerteten Ausdrucke zu vernichten, da ansonsten kein Unterschied gegenüber der früheren Lagerung von Notizzetteln erzielt wird. Ausdrucke lassen sich jederzeit wieder — auch mit neuen sachlichen Gesichtspunkten — herstellen.

V.

Bei der Erstellung wissenschaftlicher Manuskripte dürfte wohl am ehesten die Leistungsfähigkeit des Personalcomputers in Verbindung mit einem Drucker auf der Hand liegen. Hier gibt es zahlreiche gute Textverarbeitungsprogramme, die unter Umständen auch schon Rechtschreibkorrekturen sowie Wortteilungen bewältigen und Fußnoten verwalten können. Theoretisch ist mit Hilfe der Textverarbeitung eine Druckerei überflüssig geworden. In der Tat gibt es schon Betriebe, die Disketten mit dem gespeicherten Manuskript übernehmen, wodurch die Satzkosten erspart werden. Mit der Möglichkeit eines nach Seiten formatierten und mit Randausgleich versehenen Ausdruckes könnte man auch selbst buchähnliche Produktionen herstellen. Bestechend ist vor allem die ständige Korrekturmöglichkeit, die bis zur Verschiebung und Ersetzung ganzer Textpartien reicht. Dazu kommt dann noch die Möglichkeit, Begriffe und Worte suchen zu lassen, was in vielen Fällen zeitraubendes Herumsuchen im Manuskript erübrigt. Schließlich können manche Programme auch schon fertige Stichwortverzeichnisse anlegen, eine wertvolle Hilfe, die man vor allem dann zu schätzen weiß, wenn man derartiges einmal selbst manuell gemacht hat.

Zum Bereich der Textverarbeitung gehört wohl auch der Hinweis, daß leistungsfähige Programme zusätzlich eine komplette Adreßverwaltung bieten, sodaß sich wesentliche Erleichterungen bei der Korrespondenz ergeben können, etwa der Ausdruck von selbstklebenden Adreßaufklebern oder nur der schnelle und saubere Zugriff auf Adressen. Zusätzlich wäre etwa auch denkbar, daß mit den Adressen eine Evidenz der Separataverteilung an Fachkollegen angelegt wird.

VI.

Schließlich soll auch dem Studienbetrieb, der mit wissenschaftlicher Betätigung doch häufig verbunden erscheint, ein Seitenblick gewidmet werden. Besonders günstig und arbeitssparend erscheint die Evidenthaltung der an Lehrveranstaltungen teilnehmenden Hörer mit ihren allfälligen Leistungen per Computer. Denkbar wäre, damit eine direkte Anmeldung zur Lehrveranstaltung durch den Hörer am Terminal zu verbinden; damit könnte man jede Übertragungsarbeit ausschließen und tatsächlich Papier sparen. Ein automatisierter Ausdruck von Zeugnissen wäre daraufhin nur ein logisch nächster Schritt. Mit gutem Erfolg wird auch schon eine Prüfungsfragenverwaltung praktiziert, die alle Testfragen, die im Laufe eines Semesters in Übungen gestellt wurden, festhält und bei der Auswahl gar nicht mehr auf dem Bildschirm erscheinen läßt.

Insgesamt gesehen, ist die Hilfe, die ein Personalcomputer dem einzelnen Wissenschafter bieten kann, nicht zu übersehen. Man darf allerdings nicht außer Acht lassen, daß die nachträgliche Einbeziehung älterer Bestände an Literatur, Quellen und wissenschaftlichen Notizen einen enormen Arbeitsaufwand erfordert, der kaum durch Eigenleistung zu erbringen sein wird. Eine Alternative bietet sich dann nur in der Festsetzung eines Stichtages, von dem an die EDV-unterstützte Arbeit erfolgt. Schließlich soll auch nicht die Gefahr eines Datenverlustes vergessen werden. Hier hilft nur die konsequente Anfertigung von Sicherungskopien. Will man nicht sofort in allen Bereichen umstellen, so ist als erster Schritt die Textverarbeitung, als zweiter die Literatur und erst als letzter und schwierigster die Verwaltung der wissenschaftlichen Notizen zu empfehlen. Über allem aber gilt die vorausschauende Planung und Überlegung, denn nachträgliche Änderungen kosten Zeit und Nerven, und beides ist nur beschränkt verfügbar.

VII.

Zum Abschluß soll noch einmal — als direkte Bezugnahme auf die Zielsetzung dieses Publikationsorganes — ein in Planung befindliches Projekt dargelegt werden: Die 1981 erschienene Untersuchung des Verfassers über die Oberste Justizstelle basiert auf tausenden Gerichtsakten und Protokollseiten. Schon damals wurde der Versuch unternommen, die sonst nicht zugänglichen (Archivsperre wegen Beschädigungen durch den Justizpalastbrand 1927) Judikate der Obersten Justizstelle vorerst einmal bis 1820 für einen umfassenden sachlichen Zugang aufzubereiten — ein Versuch, der schließlich wegen der Vielfalt der zu berücksichtigenden Kriterien aufgegeben wurde. Nun, unter dem Blickwinkel des Einsatzes eines Personalcomputers wurde dieser Gedanke wieder aktiviert. Eine Erfassung nach der Art der Rechtsfälle, nach Referenten, damit befaßten Gerichten und prozessualen Einzelheiten, wie Begründungen, Kontakte zur Gesetzgebung, benützte Rechtsquellen und ähnlichem mehr soll dieses Material zu einer zusätzlichen Fundgrube für die Forschung über die zweite Hälfte des 18. Jahrhunderts werden lassen.
[Stand 1986]

Neue Mitglieder

Univ.-Prof. Dr. Marco CERRUTI, Corso Montecullo 127, 10141 Turin, Italien.

Dr. Áron PETNEKI, Előpatak u. 1. V. 5., H-1118 Budapest.

Univ.-Prof. Dr. Volker PRESS, Historisches Seminar (Abt. f. neuere Geschichte), Wilhelmstraße 36, D-7400 Tübingen 1.

Dr. Gábor TÜSKÉS, Téglavető köz 6., H-1105 Budapest.

Univ.-Prof. Dr. Herbert HOFMEISTER, Institut für österreichische und deutsche Rechtsgeschichte, Schottenbastei 10—16, 1010 Wien.

Ministerialrat Dr. Herbert PAULHART, Kaiserallee 23 a/34, 2100 Korneuburg.

Broschüre „Preisgünstiger Urlaub in Österreich 1987/88"

Ein überaus attraktives Urlaubs-Angebot für alle jene, die in Österreich ihre Ferien verbringen wollen, wird in der Broschüre „Preisgünstiger Urlaub in Österreich — Gast im eigenen Land" vorgestellt. Über 2.300 heimische Fremdenverkehrsbetriebe in Österreichs Bundesländern bieten hohe Urlaubsqualität zu überaus günstigen Preisen:

Winter	Zimmer mit Frühstück	bis S 230,— pro Person und Tag
Winter	Halbpension	bis S 320,— pro Person und Tag
Sommer	Zimmer mit Frühstück	bis S 200,— pro Person und Tag
Sommer	Halbpension	bis S 280,— pro Person und Tag

Diese Preise gelten vom 1. November 1987 bis 31. Oktober 1988. Zahlreiche Betriebe, die in dem Verzeichnis angeführt sind, geben für die Vor- bzw. Nachsaison noch zusätzliche Preisermäßigungen.

Die Broschüre wird alljährlich von der Bundessektion Fremdenverkehr zusammengestellt und ist in der Bundeswirtschaftskammer, Wiedner Hauptstraße 63, Postfach 340, 1045 Wien, sowie in den Landeskammern der gewerblichen Wirtschaft erhältlich. Weiters wird sie an Großbetriebe, Verbände, Vereine und andere Institutionen ausgeschickt und bei verschiedenen Veranstaltungen, wie z. B. der Wiener Ferienmesse, zur Verteilung gebracht.

Selbstverständlich kann man sich in dieser Publikation über Einrichtungen für Kinder und Sonderangebote, wie z. B. Diätküche, informieren.

Neben den betrieblichen Angeboten, einschließlich der Unterhaltungs- und Aktivitätsmöglichkeiten (Sport), gibt die Broschüre Auskunft über den jeweiligen Urlaubsort: Über die Seehöhe und die Verkehrsverbindungen bis hin zu den im Ort befindlichen Freizeit- und Sporteinrichtungen sind Informationen enthalten.

Die Broschüre ist vor allem auch für Familien mit Kindern und für Senioren ein wichtiges Informationsmaterial. Auf familienfreundliche und gleichzeitig preisgünstige Urlaubsangebote wurde bei der Zusammenstellung besonderes Augenmerk gelegt.

Dieses Urlaubsangebot ist zweifellos gerade jetzt besonders wichtig, da die Urlauber in verstärktem Ausmaß auf ein günstiges und realistisches Preis-Leistungsverhältnis schauen.

Die österreichische Fremdenverkehrswirtschaft liegt beim Preis-Leistungsverhältnis im internationalen Vergleich hervorragend: Das Angebot ist gediegen und entspricht allen internationalen Qualitätsnormen. Und die Preise sind trotz dieses hochstehenden Angebotes realistisch.

VERLAG BÖHLAU WIEN · KÖLN · GRAZ

Andrea Seidler / Wolfram Seidler

DAS ZEITSCHRIFTENWESEN IM DONAURAUM
ZWISCHEN 1740 UND 1809
Kommentierte Bibliographie der deutsch- und ungarischsprachigen Zeitschriften in Wien, Preßburg und Pest-Buda

Schriftenreihe der Österreichischen Gesellschaft zur Erforschung des 18. Jahrhunderts, Band 1. 1988. 296 Seiten. Brosch.
ISBN 3-205-05095-9

Die Geschichte des Zeitschriftenwesens im Donauraum wurde bislang von der Forschung nur gestreift. Bibliographien oder eine Gesamtdarstellung fehlen gänzlich.

Vorliegende annotierte Bibliographie gibt eine Übersicht über die in Wien, Preßburg und Pest-Buda zwischen 1740 und 1809 erschienenen deutsch- und ungarischsprachigen Zeitschriften. Von den 400 namentlich bekannten Blättern konnten 290 nachgewiesen, die Fundorte bezeichnet und der jeweilige Inhalt kurz umrissen werden. Die Angaben sollen dem Benützer als Erstinformation dienen und den Einstieg in diesen Forschungsbereich erleichtern.

A-1014 Wien, Dr.-Karl-Lueger-Ring 12, Tel. (0222) 63 87 35-0*